JN085036

HOW TO

デジタル人材の

ノン・キャリアガイド

スタートアップの始め方

STARTUP

ぱる出版

contents

[第3章] スタートアップのビジネスモデル

[第4章] ビジネスモデルの要素と戦略

[第5章] アイデアを検証してビジネスにする

編集協力：高橋龍征

[第1章]

は じ め に

－私にもできた！起業のすゝめ－

■ 本書の概要と想定読者

皆さん、はじめまして、池森と申します。

まずは本書を手にとって頂き誠にありがとうございます。

「スタートアップの始め方」というタイトルの本に手を伸ばしてくださったということは、少なからず起業について興味を持ってらっしゃっているのではないかと推察いたします。

それではまず本書がどのような内容で、誰に向けて書いているのかについてご説明します。

本書は起業の一種であるスタートアップについて概要を学ぶことができます。

スタートアップとはなんぞやというところから、**アイデアの考え方、ビジネスモデルの解説、そしてユーザーヒアリングの方法からピッチ資料の作り方**まで幅広く網羅されております。

本書をご覧頂きながら考えを進めてもらえると、ゼロからアイデアを生み出すことができ、最終的には投資家にもっていく企画書やビジネスコンテストやアクセラレーションプログラムに通貨するような資料を作成することが出来るようになります。

また本書の最後では、起業家に求められるマインドセットを記載しております。

こちらをご覧頂くことで、起業家はどの様に物事を考え、どうやって対応していかなければならないのかが分かるでしょう。

　続きまして、本書の想定している読者層ですが、もちろんまずは**起業家や起業家を志す人**を第一と考えております。

　本書を読むことで、事業の立ち上げという最も多くの人が躓く部分の成功確率を格段に上げることができるでしょう。

　しかしながら本書に書かれている知識というのは起業家でなくても様々な場面で活用できるものばかりです。

　その為、もしあなたが起業家ではなく、**起業を支援する側の方**であったり、**新規事業担当者**だった場合でも、本書は大変有意義なものになるでしょう。

　あるいは行政や地方自治体関係者や、教育機関で教鞭を執られている方、それ以外にも単純に起業というジャンルにおいて網羅的に知識を手に入れておきたいという方にもうってつけです。

　これからの時代、起業という概念は皆等しく身近なものになってくると思われます。

　本書がそういった際に、少しでも理解を深める一助になれればと幸いです。

　どうぞよろしくお願いします。

■ 私自身について

　本書を書く前に、少しだけ私自身について触れておきます。

　私がどこの誰か分からないと文章に説得力は生まれません
し、皆さんそもそも本書を読む気にはならないでしょうからね。

　私は、池森裕毅（いけもりゆうき）と申します。

　1980年生まれで、千葉県松戸出身です。

　東京理科大学に入学後、3学年で中退し、その後2004年に起
業いたしました。

　過去に4社ほど起業しており、そのうちの2社は既に売却済み
です。

　現在は3社目である株式会社tsamと、4社目であるStoked
Capitalというベンチャーキャピタルを経営しています。

　一社目の起業は株式会社ポケットという法人です。

　事業としてはオンラインゲームのデジタルデータ売買プラット
フォームを運営していました。

　当時大人数でプレイするオンラインゲームが流行っており、そ
こにいち早く目をつけ起業し、業界唯一のプラットフォームを築
き上げたのです。

　全盛期には業界全体で150億と呼ばれる規模にまで市場は
成長しました。

　2004年に個人事業で起業し、2005年に株式会社化、2014年に売却という流れです。

　二社目の起業は2011年にたてた株式会社フリッグという法人です。
　事業としてはソーシャルの結婚相談所を運営していました。
　ただ残念ながらこちらは成功とまではいかず、ベンチャーキャピタルやエンジェル投資家から出資を頂いていたので、その分をなんとか返せるかどうかといった金額で2013年に売却しました。
　とはいえ、ここで学んだ様々な失敗談が今現在の私に大きく影響していると考えています。

　この時点で起業家としては二打数一安打といった感じでしたね。
　二社を売却して少しゆったりとした生活を送っていた私でしたが、しばらくするとスタートアップから顧問を依頼されるようになり、2019年に本格的にビジネスとして展開するために設立したのが現在のメインである株式会社tsamです。
　tsamはスタートアップの支援事業を行っております。
　行政や地方自治体、大学機関から依頼を受けて、起業カリキュラムを提供し、様々な若者に指導をしています。
　本書に書かれている内容も普段使用している起業カリキュラムの内容を誰でも読めば実行出来るように言語化したものと

なっております。

　また、アクセラレーションプログラムと呼ばれる起業支援プログラムではメンターを務め、界隈のイベントでも頻繁に講演や審査員を行っております。

　そして私自身、情報経営イノベーション専門職大学という大学で客員教授を務めておりますので、**自分のバーチャル研究室の学生に指導をしたり等**も日々行っております。

　tsamと並行して2023年現在運営しているのはStoked Capitalというベンチャーキャピタルです。

　こちらは主にシード・アーリーのスタートアップを対象に投資を行っております。

　2022年9月に立ち上げて、月に1件ペースでの投資実績があります。

　というような経歴を今まで送っておりました。

　起業家であり、起業支援者であり、審査員、メンター、そしてベンチャーキャピタリストでもあるという様々な側面を持ち合わせておりますが、まあ分かりやすく言えば、スタートアップを支援する側の人間と思って頂ければその通りだと思います。

　本書を書くに至った経緯としては、起業という素晴らしい体験を1人でも多くの人に伝えたいという気持ちがあったから、とい

うのが理由です。

　まああまり肩ひじ張らずにお付き合い頂ければと思います。

　どうぞよろしくお願いします。

ペイ・フォワードのす>め

　皆さんはペイフォワードという言葉を聞いたことがありませんか。日本語で
いうと、僕は「恩送り」と捉えています（まあ厳密に言うと違うのかもしれません
が）。多くの場合、人は他人に何か親切をすると無意識で見返りを求めてしまい
ます。

　この事自体は本能的に感じることなんで別段否定はしませんが、ペイ・フォワー
ドというのは、「君にはこれをしたけれど、借りは僕には返さなくて良いよ。今回
助かった分は、君が余裕ができた時に、僕じゃない他人に同じことをしてあげて
ね」という考え方です（結構な意訳ですが）。

　正味な話、僕は結構打算的な人間ですが、ある時期からこのペイ・フォワードを
実行するようにしてみると、「これは凄い。人生が楽になるし、とても気分が良い
わ。もっと前からやってれば人生楽しかったんだろうな」と素直に思ってます。

　これはやってみないと分からないことなんですが、他人に対して見返りを求
めず、出来る範囲で（ここ大切）、親切にしてると、すごく楽なんですよ。見返り
を期待してないからガッカリすることもないし、親切にしてれば気分が良いで
すからね。

　しかもこれを続けてると、勝手に「良い人」認定してくれて、それが回り回って
間接的にプラスに働き、場合によっては当初の貸しの何倍ものリターンが返って
きますし。

　ペイ・フォワード。
　決して負担にならない範囲で、人には見返りを求めず親切にしましょう。

[第2章]

スタートアップの始め方

− 課題発見とアイデア創出のコツ −

■ スタートアップとは何か

それでは本編に入る前に、まず皆さんにスタートアップとは何かについて説明しようと思います。

昨今スタートアップという言葉が随分取り上げられているので皆さんも一度は耳にしたこともあるとは思いますが、その詳細な定義まで考えたことって実はあまりないんじゃないでしょうか。

今回皆さんのために用意した私なりのスタートアップの定義とはこのようなものです。

「先進的なテクノロジーを用いて事業を立ち上げ、資金調達を繰り返すことで短期的な急成長を果たし、*IPOや事業売却を目的とした企業」

もう少し分かりやすく噛み砕いて説明をしたいのですが、その前に大切な事をお話しします。

■ スモールビジネスとスタートアップ型ビジネスの違い

まず最初に知っておいてもらいたいことですが、ビジネスには大きく分けて二種類のビジネスがあります。

「スモールビジネス」と「スタートアップ型ビジネス」です。

二種類があるということを知ってもらった上で、これからそれ

　*新規上場株式

■ 山林でやりたいこと

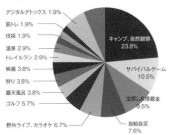

デジタルデトックス 1.9%
筋トレ 1.9%
伐採 1.9%
温泉 2.9%
トレイルラン 2.9%
映画 3.8%
狩り 3.8%
露天風呂 3.8%
ゴルフ 5.7%
野外ライブ、カラオケ 6.7%
キャンプ、自然観察 23.8%
サバイバルゲーム 10.5%
宝探し埋蔵金 9.5%
自給自足 7.6%

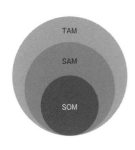

TAM
SAM
SOM

ぞれの違いについてお話しします。

　こちらの図を御覧ください。

　これはスモールビジネスとスタートアップ型ビジネスの成長曲線を表したグラフです。

　ご覧頂ければお分かりかと思いますが、スモールビジネスとスタートアップ型ビジネスでは、成長曲線の描き方が大きく異なります。

　スモールビジネスは1次関数の成長曲線を描いておりますが、スタートアップ型ビジネスは成長曲線が2次関数になっているでしょう。

　これこそが両者の大きな違いなのです。

　まずスモールビジネスについて解説します。

　スモールビジネスとはそもそも何かというと、例えばカフェを運営するであるとか、インターネットのオンラインショップで物を売

るとか、あるいはコンサルティング業を営む、デザインを請け負う、開発を請ける、などが挙げられます。

　つまり、今挙げたビジネスは、**どれも売上が指数関数的に急激に伸びるということはありません。**

　注文が仮に殺到したとしても、ビジネスの構造上、伸びしろに上限があるものばかりです。

　例えばカフェ運営をしたとしても、一店舗辺りの客席は決まっているので、売上の限界は決まっております。

　二店舗目を出したら二店舗目分の売上が積み重ねられ、三店舗目、四店舗目を出したらそれぞれの売上が乗ります。

　一店舗しかないのに売上が100倍、200倍になることはありません。

　コンサルティング業であったりデザイン業であったりもそうですね。

　コンサルタントやデザイナー1人が請けられる業務は限界がありますので、売上を増やすには人を伸ばすか単価を上げるかしかありません。

　コンサルタントが1人なのに、売上だけが100倍も200倍も伸びるというのは構造上ありえません。

　このようにビジネスの売上が一次関数に伸びるビジネスを総じてスモールビジネスと表現します。

　ただスモールビジネスという言葉から誤解されがちなのです

が、この一次関数における傾斜角度に制限はありません。

　傾斜角度が5度だろうが60度だろうが1次関数の伸びをする構造のビジネス全般を我々はスモールビジネスと表現します。

　つまりスモールビジネスだからといって売上の伸びが悪い、売上の上限が低いというのは大きな誤解です。

　昨今スタートアップ型ビジネスが注目されがちですが、実は世の中の上場企業の大半はスモールビジネスなんです。

　この点ご注意ください。

　それではスタートアップ型ビジネスはどうかというと、先程の図をご覧頂ければお分かりですが、**初期段階において大きく赤字を作り、その後急成長をするというモデル**になっています。

　どういうことか。

　我々は事業を行う際、売上が立っていない段階の時点でも人を雇います。

　エンジニアであったり営業であったり事業責任者であったりです。

　そして更には、彼らを留めておくために小綺麗なオフィスを構え、そして売上を作るために広告を出すのです。

　これら全て売上がない状態でも行うことです。

　そして先行投資をバンバンかけた後に、大きくレバレッジをかけた成長を果たし、IPOなり*M&Aされるなりで、莫大な収益を

上げるわけです。

それではここで1つの疑問が湧くと思います。

「最初の資金はどこで用意するのか」と。

もちろんその疑問は分かります。

お金がないと先行投資はできませんし、多くの人はそんな大金を持ち合わせていないですよね。

そんな時のために我々の界隈ではベンチャーキャピタルと呼ばれるリスクマネーを供給する人たちがいます。

我々はこのベンチャーキャピタルより出資をうけ、事業に投資を行い、急成長を目指すのです。

スモールビジネスとスタートアップ型ビジネスの大きな特徴の違いはこの点にあります。

スモールビジネスはいうなれば急成長を義務付けられておりません。

自分とその周りの人間が食べていく分稼げれば、あとは細く長く続けるスタンスでも問題ありません。

しかしスタートアップ型ビジネスには、細く長くというスタンスは許されるものではありません。

ベンチャーキャピタルから投資を受けるということは、必ずやその先にIPOを目指すものであり、そうでなくとも出資した金額の何倍もの価格でM&Aされることを考えなければなりません。

このスタンスの違いこそが二つのビジネスの大きな差と言えるでしょう。

■ 自分のやりたい事業を選ぼう

　さて、それでは二つのビジネスを説明した上でとても大切なことを書いておきます。

　それは、スモールビジネス、スタートアップ型ビジネスということを最初に意識してビジネスを始めるのではなく、自分のやりたい事業をやりましょう、ということです。

　スタートアップ界隈にいると、少なくない一定数の人が「スモールビジネスはださい。資金調達をして急成長しているスタートアップは格好良い」という考えをしていることがすぐ分かります。

　確かになぜ彼らがその思考に至ったのか、経緯を考えると理解はすることはできます。

　それは、「何億円も資金調達をした」とか「オシャレなオフィスに引っ越しました」という起業家のキラキラとした投稿を常に見ることで、一種の憧れの気持ちが湧くのでしょう。

　しかしここでハッキリと伝えておきますが、スタートアップ型ビジネスがスモールビジネスより優れているということはありません。

　どちらもビジネスの成長曲線の違いなだけで、そこに優劣は存在しないのです。

　大切なのは、あなたがどのような課題を解決したいのか、どの

ような事業をしたいのか、です。

　そのために最適な解決策がスタートアップ型ビジネスならば
スタートアップ型ビジネスをやればよく、スモールビジネスならば
スモールビジネスを選べば良いのです。

　　「何億円も資金調達をすると格好良いから」
　　「オシャレなオフィスで働きたいから」

　上記のような浮ついた目線で事業モデルを決めつけ、片方を
否定するのはナンセンスなことだと言えます。

■ 起業をしよう！
　前置きをお伝えし終わったところで、少しずつ本題に入ってい
きましょう。

　まずは「起業のすゝめ」です。

　この本の目的は、1人でも多くの方に起業してもらうことです。

　その為、まずは起業の素晴らしさについて簡単に語らせてく
ださい。

　皆さんは、ご自身の中で、描いている世界観や叶えたい目標
はありませんか？

　描いている世界観とは、例えば、「もう少しマイノリティが生きやすい世界にしたい」であるとか「自分の価値観を世界に伝えたい」であるとか「身の回りの不便なことを解決して社会を良くしたい」であるとかです。

　叶えたい目標というのは、「有名になりたい」や「自由に生きたい」あるいは「お金持ちになりたい」などが多いかもしれません。

　起業で成功すると、多かれ少なかれ、これらの描いている世界観が実現できたり、叶えたい目標が達成できます。

　自分が頭の中に夢描いているだけでなく、実際のそれらに世界が一歩近づき、そして自分も理想に一歩近づく。

　それだけのポテンシャルが起業にはあります。

　もちろんスモールビジネスでもこれらの事は達成できるかもしれません。

　しかし社会にインパクトを与えやすいスタートアップ型ビジネスは、より大きな成果をあなたにもたらすでしょう。

　起業における成功とは、描いてる世界観の実現や叶えたい目標の達成だけではありません。

　他に非常に重要なものとして、「自分の名前で生きていくことが出来る」というものがあります。

　昭和の時代と違い、令和の時代では大企業は必ずしも安泰

ではありません。

　終身雇用制も崩れかけてきており、年功序列制度なんてのは今では普通に求めるものではないでしょう。

　つまり、これからの時代は、会社は自分の事を守ってはくれないのです。

　それは言い換えれば、自分で生きる方法を見つける必要があります。

　仮に企業の中で一務め人として生涯を送っていると、あくまで「○○企業の○○さん」という括りで人は判断されます。

　しかしこれが起業をし、成功をするとどうなるでしょう。

　今までは○○企業の人だから、という風にみられていたのが、今度から、○○さんだから、というバイネームで貴方に人は頼ってくるようになります。

　貴方の名前がブランドになるのです。

　そうなると、貴方のブランドは貴方だけのものになり、誰にも依存することなく価値が生まれ、その価値は誰にも奪われることもない一生の武器になるのです。

　この様に起業で成功すると、自分の描いている世界を実現できたり、夢・目標が叶えられたり、自分の力で生きていけるようになります。

　もちろんそれは並大抵のことではありません。

　ですが、本書を一から丁寧に読んでいけば、その成功確率を上げることは可能です。

　是非皆さんで起業をして、幸せな生き方を送りましょう！

■ 課題こそが事業の核

　さて、それでは起業における具体的な一歩目を歩んでいきましょう。

　最初に見つけなければならないのは**事業アイデアではなく、「課題」**です。

　まず基本に立ち返って、「なぜ貴方は起業をするのか」について考えてみてください。

　モチベーションは人によって様々です。

　例えば「有名になりたい」とか「お金持ちになりたい」とか、他にも「世の中を便利にしたい」「不自由な思いをしたくない」とか、あるいはストレートに「異性にもてたい」とかもあるでしょう。

　これらのモチベーションに優劣はあるかと言えば存外そんな事はなく、動機づけは人によって様々であるべきだし、本人がやる気を出せるのであれば、問題ないことかと思います。

しかしながらモチベーションは様々であっても、起業には共通して必要なものがあります。

　それが冒頭に挙げた「課題」です。

　我々起業家はなぜ起業をするのでしょう。

　なぜ起業家になったのでしょう。

　それは、「起業家になりたいから起業家になった」のではなく、「自分の課題を解決する最適な方法が起業だったから起業家になった」のです。

　仮に解決したい課題の最適な方法が起業でなく別の方法が他にあるならば、我々は起業家にならずその他の道を選んでいたでしょう。

　そう、つまり起業の本質とは「課題」を解決することです。

　そのために、まずは課題を探すことが起業の第一歩と言えます。

　ただ一口に課題と言っても、どんな課題でも良いわけではありません。

　課題には大きく分けて二種類の課題があります。

　我々の表現を使うと、ペインが浅い課題とペインが深い課題です。

　ペインとは痛みを意味する言葉です。

　ペインが浅い言葉とは、ストレス負荷がそこまでかかっていない課題のことを指します。

　反対にペインが深い課題とは、ストレス負荷が非常に高い課題のことです。

　我々起業家にとって必要な課題とは、当然ながら後者の課題です。

　なぜならペインが浅い課題とは、言い方を変えると、ユーザーもあまり困っていない課題であり、そんなものを解決するサービスを作っても、あったらいいね（Nice to have）のサービスにしかなりえず、ユーザーはお金を払ってくれないからです。

　逆にペインが深い課題は、ユーザーが心底困っている課題であり、それを解決するサービスを作れたとしたら、**無いと困る（Must have）サービス**になります。

　それを利用するためにはユーザーはお金を払うことを想像するのは容易いことでしょう。

　Must haveなサービス、例えば最近だとGoogle MapやYoutubeみたいなサービスもその1つに挙げられますね。

　これらのサービスは我々市民の生活にとって切っては切り離せないものになっており、利用することに対して、企業や一部のユーザーは課金を行っております。

起業家ならばこのようなMust have なサービスを作っていきたいものですね。

■ ディスラプトとリプレイス

課題について説明した上で、今度はアイデアを考える際に重要な概念を二つ紹介します。

それが「ディスラプト」と「リプレイス」です。

ディスラプトとは破壊を意味し、リプレイスとは置き換えを表す言葉です。

この2つの概念はアイデアを考える上で非常に重要です。

なぜなら**アイデアの基本は、既存市場をディスラプト（破壊）して、リプレイス（置き換え）する**ことから始まるからです。

お金の流れを、元々あったところから、自分のところへ手繰り寄せるというイメージです。

この考えがアイデアの発想には必要です。

では既存市場をディスラプトするには何が必要でしょうか。

それは新しいテクノロジーや概念です。

ここで幾つかのディスラプトの事例を紹介しましょう。

　筆者の記憶している限り、最初の大きなディスラプトは1995年頃からひっそりと行われました。

　この時のディスラプトに用いられたテクノロジーは「インターネット」です。

　インターネットは私の知る限りWindows95を起点に一般的に広まりました。

　これを機に人々は多くのものをオフラインからオンライン上で行うことになったのです。

　例えば本や雑誌、新聞などですね。

　これらはインターネット以前はそれぞれ書店やコンビニなどで買われていましたが、インターネットが普及してからは大部分がWebメディア、Webコンテンツにシェアを奪われていきました。

　他にも具体的なところだとオークションなども該当します。

　それまではリアルの会場で集まって行われていた取引が、インターネットができてからすぐにヤフーオークションで行われるようになったのです。

　これがインターネットを使って行われたディスラプトの例です。

　次の大きなディスラプトは2010年頃から行われました。

　この時ディスラプトに用いられたテクノロジーは「スマートフォン」です。

　スマートフォンは2010年以前よりジワジワと使われてきました

が、大多数の人が慣れてきたのは2010年頃だったと記憶しております。

　この頃何が行われたのかというと、大半のインターネットWebサイトが、スマートフォンアプリに切り替えられていきました。

　既存インターネットWebサイトの管理者がまごついてる間に、アプリ化を推し進めた新興企業によってシェアが奪われていったのです。

　前回はディスラプトする側だったヤフーオークションも例外ではありませんでした。

　アプリ化が遅れたヤフーオークションに対し、いち早く気軽なアプリを立ち上げてシェアを奪ったのは皆さんご存知メルカリでした。

　この様に2010年頃より大きなディスラプトが起きて、多くのサービスがリプレイスされたのでした。

　次なる大きなディスラプトは2023年において現在進行中に起こっています。

　それはGenerative AI（生成系AI）によるディスラプトです。

　すでにライターやイラストレーター、デザイナーなどの職業がリプレイスの危機に晒されています。

　さらには弁護士や司法書士、その他コンサルタントなど、様々な職業まで影響は波及していくでしょう。

　このディスラプトの裏側には当然ですがリプレイスしてシェアを新たに獲得する企業も出てきます。

　皆さんがこのシェアを取る次世代の覇者になれるかどうかは、今まさに今後の活動にかかっていると言えます。

　さて、ディスラプトの事例を3つほど紹介したところで、最後に一点だけ注意点を挙げておきます。

　それは「0からお金を作ろうとするのは止めましょう」ということです。

　起業家のごく一部は、ディスラプトやリプレイスの概念を気にせず、お金の流れが全く無いところからお金を生み出す、いわば錬金術のようなビジネスに挑戦しようとします。

　錬金術のようなビジネス、例えば私が見た限りで最も多いのが「服の買い物付き添いサービス」です。

　一般的に若い女性は我々男性に比べてファッションに関心が強い人が多い傾向があります。

　そういうオシャレな女性が、オシャレに疎い男性を見ながらビジネスを考えると「私が買い物に付き合ってあげるとオシャレになるんだろうな。よし、有料で事業を立ち上げよう」という結論に一定数いきつくようです。

　そしてそのアイデアを私のところにもってきます。

しかしこのような事業アイデアは決して推奨しません。

　何故なら我々日本人の男性は、有料で誰かに服の買い物に付き合ってもらうという文化・風習が存在しないからです。

　今までお金を払わず過ごしてきた人に対し、お金を払ってもらうのは並大抵のことでは叶いません。

　しかも本人はそこまでオシャレに興味がないのならば尚更です。

　このようにお金の流れが全く無かったことに対して、お金を生み出そうと試みる事業を私は錬金術のようなビジネスと表現しています。

　皆さんも事業アイデアを考える時は、決してこのような発想はせず、ディスラプトとリプレイスを意識していきましょう。

■ 新たな事業のアイデアを探る7つの切り口

　さて、それではここからは皆さんに具体的にアイデアを考えていってもらうパートに入るのですが、ここで1つ問題があります。

　それは、皆さんがこれから「こんなアイデアいいな」「こんな事業どうだろう」と頭に浮かんだものは、既に大半のものが世の中に存在している、ということです。

　私の世代やその前後の起業家たちは、各自それぞれ夢や野望を胸に抱えて、何年も何年も課題を探し、それぞれ事業化を

進めていきました。

　その結果どうなったかというと、2023年においては収益を得るのが容易な課題の大半は解決され尽くし、大半の事業が世の中にできてしまったのです。

　しかしこれから起業する皆さんにとってもう事業化の余地は残されていないのかというと、そうではありません。

　切り口によってはこれからでも十分間に合う余地は多々あります。

　今回は皆さんに下記のような7つの切り口を紹介しましょう。

○ **新しいテクノロジー・概念**

○ **ビッグインパクト**

○ **若者の感性**

○ **世界的なサービス**

○ **新しいトレンド**

○ **法改正**

○ **コンサバな業界**

■ **新しいテクノロジー・概念はビジネスの幅も広げる**

　最初にオススメする起業アイデアの切り口は、新しいテクノロジーや概念です。

　新しいテクノロジーや概念が生まれると、そこには必ず新規事業ができる余地が生まれます。

昨今だと、[*1]**Web3**や[*2]**Generative AI**などがそれに該当します。

　これらのテクノロジーや概念が生まれたことで、新しくできるビジネスに大きな幅が生まれました。

　Web3では、今までのような中央集権ではなく、分散型のネットワークを構築しようという概念のもと、様々な事業アイデアが生まれています。

　例えばNFTもその一つです。

　NFTというものが世に出てから、NFTアートを売買するプラットフォームOpen Seaのようなものが生まれました。

　これは分散型ネットワークであるWeb3という概念が存在しなかった以前には生まれる余地がなかった事業です。

　Generative AIを使っても同じで、イラスト生成サービスからはじまり、AIイラスト投稿プラットフォームサービス、プロンプト提案サービスなどが生まれました。

　他にもこれから弁護士AIや、AIを友だちとするAIパートナーなど、我々が体感したことのなかった様々な事業が生まれていくに違いありません。

　これからの起業家は、このような新しいテクノロジーや概念を目ざとくチェックし、それによって生まれた余地に上手く入ることを考えると、そこに成功の鍵はあるのかもしれませんね。

■ ビッグインパクトはチャンスにもなりうる

2つ目に紹介する事例はビッグインパクトです。

私たちは2020年にコロナという未曾有のパンデミックを経験しました。

コロナによって私達はライフスタイル・行動様式の変更を余儀なくされたのです。

今までは外に出て人に会うのが当たり前の状況から、外に出ることを良しとしない、人と会うことが推奨されない社会に変わっていきました。

それによって人々の周りには沢山のペインが深い課題が生まれていったのです。

ペインが深い課題が生まれたということは、言い方を変えればもちろんそれだけ起業のチャンスが生まれたということになります。

我々起業家にとってコロナという災厄は、壊滅的な被害をもたらすと同時に、再生の可能性・チャンスをくれたことになりました。

そこで生まれたのが、**オンラインフィットネス事業であり、そしてZoomのようなオンライン通話サービス**でした。

これは今までのライフスタイル・行動様式では生まれてこなかったサービスです。

このようにビッグインパクトによってライフスタイルが様変わりすると、事業のできる幅は大きく広がります。

■ 若者の感性に注目する

3つ目に紹介するのが、10代・20代の方に最もオススメな切り口、若者の感性です。

いつの世にも言えることですが、若者には若者にしか持ち合わせていない感性があり、文化があります。

そこを狙って事業化を図るというのがポイントです。

つまり、若者には若者にしか持ち合わていない感性や文化があるということは、そこには若者にしか感じていない課題もあるということです。

そしてその課題に対する解決策は今のところ世に無いものが多いです。

なぜなら私達一回り二回り上の起業家はそのような課題を抱えていないので、解決策を生み出す必要がなかったからです。

例えば皆さんは家に家具をお持ちではないでしょうか。

ベッドなりソファーなり机なり、まあ人は大なり小なり家具を持っているとは思います。

私達世代の人間は、家具は買うものだという認識があります。

必要に応じて家具を買い、環境が変わると都度買い直していました。

引っ越しの時も同様で、不要なものは処分し、必要なものはそのまま引っ越し先へ持っていく、そのような形で今も過ごしています。

しかし若者の中にはある時、家具はレンタルするのでも良いのではないか、と考えを持った人が出てきました。

つまり、環境の変化によって気軽に家具を入れ替えたいし、なんなら春夏秋冬季節ごとに衣替えで家具を変えたい、と考え始めたのです。

そのようなことを一部の若者が考えた際、それでは日本に家具をレンタルする場があったかというと、残念ながらそのようなサービスはありませんでした。

なぜなら上の世代の我々にとって家具は買うものであったから、借りるサービスを作る必要がなかったからです。

そうなった場合どうなったかというと、いち早く**解決策がないことに気づいた若者**が家具のサブスクリプションサービスを立ち上げたのです。

もう一つ事例を紹介しましょう。

皆さんは、声劇というネット文化をご存知ですか?

声劇とは、数人の若者がオンラインで集まって、それぞれのセリフを読み、劇を演じるという文化です。

一部のネットでは、その劇に対して観客が集まり、盛り上がりを見せています。

このような文化は我々の世代にはありませんでした。

ネットインフラが貧弱だったというのもありますし、声を出すという事に抵抗があったからです。

しかし声を使ったアプリが当たり前になり、インフラが整った現在では、若者は積極的に声劇等を楽しんでおります。

　しかしちょっと前まで日本には声劇を行える専門的なプラットフォームはありませんでした。

　そのため仕方なくユーザーはDiscordなど他サービスを使って間に合わせていたのです。

　こうなるともうお気づきだと思うのですが、起業家としてやることは声劇に特化した専用プラットフォームを作ることです。

　ニーズは間違いなくそこにあるのですから。

　このように、若者しか持っていない感覚というものがあり、そしてそれに対する解決策は存在していないことが多いです。

　そして大切なのは、私達の世代より若者のほうが、解決策がないことにより早く気づくことが可能ということです。

　皆さんも是非このあたりを注目していきましょう。

■ 世界的なサービスは必ず日本にもくる

　世の中を生きていると、全世界的にあっという間に流行りだしたサービスというものによく出くわします。

　Youtubeであるとか、TikTokなんかがその良い事例です。

　そういう世界的なサービスが生まれると、新しい事業が生まれる余地ができる、というのが4つ目の切り口です。

Youtubeが流行ったことによって生まれたビジネス。

もちろんそれはYoutuberです。

今や若者の大半の憧れの職業であるYoutuberはYotubeがなかったら生まれてこなかったでしょう。

他にも動画編集サービスや解析サービスなども同じです。

TikTokについても同じことがいえますね。

これは個人的な考えなのですが、世界的に流行ってきたサービスが生まれた場合、日本一国で頑なに否定したところで意味はありません。

遅かれ早かれ、どれだけ抵抗しても来るものは来ます。

そうした際、はなから否定的に無駄な抵抗をするより、いち早く受け入れて、事業チャンスに変えるほうが健全だと思いませんか?

■ 新しいトレンドには常にアンテナを張る

5つ目に紹介するのは新しいトレンドです。

社会の中で流行やトレンドが生まれることは常にあります。

これらのムーブメントをいち早くキャッチし、それに関連したサービスや商品を提供することで、新しいビジネスチャンスをつかむことができます。

例えば、環境保護やサスティナブルな取り組みが注目されるようになったことで、**エコフレンドリーな製品やサービス**が注目を集めました。

　また、健康志向や自己改善が重視されるようになったことで、**ヘルステックやウェルネスビジネスが拡大しています。**

　このようなトレンドに常に目を見張っていくのが、起業家にとっては必須の行いと言えます。

■ 法改正は新たなニーズを生む

　6つ目に紹介する切り口は法改正です。

　法律が変わる時、それは同時にビジネスチャンスの到来を意味します。

　今までは法律によって制限されていたものが開放されることにより、できる幅が広がるからです。

　最近だと例えば**オンライン診療の完全解禁がそれに該当します。**

　以前はオンライン診療・相談にはそれぞれ面倒な規制があり、思ったような事業がやりたくてもできなかったのですが、これが完全に解禁されたことにより、様々なジャンルによってオンライン診療サービスが始まりました。

　メンタルヘルスであったり、ペット診療であったりです。

ここには強いニーズがありますので、一度動き出したら多くの診療サービスのシェアが切り替わっていくでしょう。

他にも**不動産契約のオンライン化**なども目新しい話題ですね。

完全にオンライン上で契約ができることになったこの法改正によって、オンライン専門不動産屋が雨後の筍のように出てきました。

このように法改正を機に様々な事業が可能になります。

ただ注意しておいてもらいたいのは、法改正というのはある日突然予告もなく起きることではありません。

こういった情報は事前に各関係省庁、自治体Webに公開されています。

この事は裏を返すと、同じ事業を狙ってる人が沢山おり、一斉の声でその熾烈な競争がスタートされる、ということでもあります。

そのため、法改正を狙った事業展開をするには、若干の注意が必要でしょう。

■ 保守的な業界はブルーオーシャンでもある

最後に紹介する切り口は、保守的な業界です。

保守的な業界とは、例えば農林水産業であったり、町工場系の事業などが該当します。

これらの業界の多くは未だにアナログなやり方で運営されております。

それらに対し最新のテクノロジーなどを持ち込むことで、大いに新規事業に繋がる事でしょう。

　保守的な業界は、そのとっつきづらさから、とかく若者が敬遠しがちではあります。
　しかしそれは逆に言えば手つかずのフロンティアが残されているとも言えるでしょう。
　ぜひこの機にそこに目を向けてみてはいかがでしょう。

［注意事項①］マーケットインアプローチとプロダクトアウトアプローチの違い
　アイデアを考える上で注意しなければならないポイントがありますので幾つか紹介します。

　その1つがマーケットインアプローチとプロダクトアウトアプローチです。

　スタートアップにとってこの2つの概念は重要です。
　起業家はこれらのアプローチの違いを理解した上で、ビジネスを考えなければなりません。
　基本的に筆者としてはスタートアップ起業においてはマーケットインアプローチを強く推奨しています。

　マーケットインアプローチとは、**ユーザーのニーズを起点に事業を考えるアプローチ**です。

　ユーザーや市場にヒアリングを行うことでニーズを調査・分析し、そのニーズに基づいてサービスを開発します。

　マーケットインアプローチのメリットとして、事前に効果的なユーザーヒアリングを実施することで、プロダクトリリース時からある程度ニーズのあるサービスを提供できることが挙げられます。

　一方、デメリットとしては、ユーザーヒアリングに時間を要することがあります。

　プロダクトアウトアプローチとは、自社のアセットを起点に事業を考えるアプローチです。

　自社が持つアセットを活かして、**独自の商品やサービスを開発し、市場に投入する**ことを目指します。

　例として、かつてのSonyのウォークマンや現在のAppleのiPhoneがあります。

　プロダクトアウトアプローチのメリットとしては、ユーザーの誰もが想像していなかった独創的なサービスを打ち出すことによって、市場に於いて圧倒的なポジション、ブランディングを確立することができます。

一方、デメリットとしては、ニーズありきで作るわけではないため、リリース時点でユーザーが必ずしも喫緊で求めているわけではないことでしょう。

　その為リリースしてみたらニーズがなく、鳴かず飛ばずで終わってしまう、という結果になりかねません。

　スタートアップにおいては、マーケットインアプローチが基本とされています。

　効果的なユーザーヒアリングを行い、サービスをリリースしましょう。

　その後もユーザーヒアリングを繰り返し、事業を軌道に乗せるのが王道と言えます。

　スタートアップにおけるよくある失敗事例が、**最新のテクノロジーをとりあえず使ってみたいという気持ちで無理やりサービスを開発し、後からニーズがないことに気づく**というケースです。

　昨今だと、ブロックチェーンやNFTがそれにあたります。

　ブロックチェーンが世に出た当時、多くの起業家がブロックチェーンを使ってみたいがためにとりあえず無理やりブロックチェーンを絡めたサービスを生み出していきました。

　しかしそのほとんどすべてのサービスは、ユーザーにニーズがない状態で始まった為、日の目を見ることなく消えていったのです。

　私はこれらのサービスを「それブロ（それ、ブロックチェーン

でやる意味あるの?)」と揶揄して読んでいます。

　NFTが流行った2022年頃、今度は自分の中で「それNFT」という言葉が常に浮かんできました。

　もう意味は言わなくてもお分かりですよね?

　このような失敗を避けるために、スタートアップとしては、マーケットインアプローチで市場やユーザーのニーズをしっかりと把握し、その上でプロダクトアウトアプローチを取り入れることが重要です。

　ただ一点だけ補足をしておくと、総じて、スタートアップにおいてはマーケットインアプローチが推奨されることが多いですが、プロダクトアウトアプローチも一定の条件下では有効な戦略と言えます。

　両アプローチのメリット・デメリットを理解し、自社のサービスに最適な戦略を選択しましょう。

　最終的には、市場やユーザーのニーズに応えることができる商品やサービスを提供することが、スタートアップの成功へとつながります。

[注意事項②] 社会課題解決サービスの落とし穴

　事業を考える上で注意点の2つ目は社会課題解決サービスです。

　最近の若い方は、社会課題に目を向ける傾向にあります。

これ自体は非常に良いことで、我々としては歓迎する以外にありません。

　むしろ本来ならば我々の世代が解決しなければならなかった課題のはずだったのに、なかなかそこまで手が回せるほど余裕がなく、結果として後世の人にバトンタッチをしてしまったのですから、そういう意味で是非積極的に支援していきたいと考えている分野です。

　しかしながら、実際のところ**社会課題解決サービスは「難しい」**の一言に尽きます。

　社会課題に若者が目を向けるのは、課題が近くにあって見えやすいということと、一見して簡単に解決できるように見えることが主な理由だと考えられます。

　しかし社会課題は解決するのも並大抵のことではありません。

　1個課題を解決しようとすると、付随する課題が100個ぐらい見つかる、なんてのはザラにあります。

　それこそ、小手先のアイデアや小綺麗なビジョンで解決される程度なら、とうの昔に誰かが解決しているでしょう。

　課題が課題として今なお残っているのは、それだけ難易度が高いということなのです。

　そしてまた残酷な事実として、社会課題は「お金が落ちづらい課題」です。

社会性と経済性は両立がなかなか難しいのです。

そして事業として収益が挙げられない場合、サスティナブルな経営ができないことになりますので、結果救いたい対象も救えず不本意な結果に終わってしまいます。

皆さん、社会課題というのは我々今の世代の人間が一丸となって取り組まなければならない問題です。

しかしそれゆえに、課題を解決したいという純粋な思いだけで取り立てて有用な施策が思いつかない状態で取り組むのは避けたほうが良いでしょう。

取り組むのならば、自分たちのアセット、金銭的、時間的、人的、そういった要素を全て考慮し、取り組むことをオススメします。

[注意事項③] スタートアップにおける法律の重要性

長いことスタートアップ界隈にいると、数年に一度の頻度で若い起業家が血気盛んに「過ち」をしてしまうのをみます。

どういう「過ち」かというと、自分のサービスを考えた時、時代遅れの法律が足かせになっていると、「整備が追いついていないだけだ。正義は我にあり！」と言わんばかりに現行法を無視してサービスをリリースしてしまうという行動です。

その結果は言わずもがなで、サービスは撤退を余儀なくされますし、行政からの注意勧告や最悪の場合処罰されるといった

ことも起こりえます。

　最初にハッキリ言っておくと、日本国内で事業をする上で、法律は厳守です。
　法整備が追いついていなくても、それを理由に進んではいけません。
　「正義は我にあり！」という考え方は通用しません。

　確かに、アメリカでは「テクノロジーの発達に法律が追いついていない場合、もし自分の考えているサービスが、ユーザーや社会に対してプラスしかないと確信したならば、スタートアップは現行法を無視してそれを実践して良い」という考え方・風潮が一部には存在するようです。

　しかし、日本の事情は異なります。
　日本はアメリカと違って既成事実を作ればなんとかなるという国ではないのです。
　例えば、ウーバージャパンが福岡市で産学連携機構九州と提携してライドシェア実験を行いましたが、道路運送法に抵触する可能性が高いということで国交省から中止の行政指導を受けております。

　皆さんに今一度知っておいてもらいたいのですが、法律には

出来た経緯と根拠がきちんと存在しています。

　スタートアップだからといって闇雲に違法行為を行うのは決して推奨しません。

　踏み荒らされていない荒野は理由があって踏み荒らされていないのです。

　もう一度繰り返しますが、スタートアップを立ち上げる際には、法律を厳守することが大切です。

　法律を軽視した行為は、最終的には自分たちの事業にも悪影響を及ぼすことになりますので、法律の大切さを十分に理解し、行動しましょう。

■ 課題を見つける日々の習慣を作ろう

　さて、この章の最後に、私や周りの起業家が、日々どのようにして、課題に対するアンテナを張っているか、ちょっとしたノウハウを紹介したいと思います。

　それは、少しでも気になることがあれば、その場で即座に調べてみることです。何か新しいものがないかとアンテナを立てていれば、小一時間街中を歩くだけでも、多くの発見があります。いつもの通り道に、新しく電動の自転車やキックボードのレンタルのサービスが設置されていたりしませんか。気にしてみると、そ

ういうものがいくつも見えてきます。見つけたら、実際に使ってみましょう。また、どんな会社が、どんなビジネスモデルで提供しているのか、紹介記事はないかなど、ビジネスの観点で掘り下げてみれば、より多くの発見もあります。

　流行りものも、知っているのと使ったことがあるのとでは大違いです。最近ならChatGPTを使って何か調べたり、文章を要約や翻訳したりしてみれば、何がすごくて何がイマイチかもわかります。

　私が少し前にやって大変参考になったのは、NFTでのアート出品です。
　何て事のない画像に大変な高値がついて、一時期大いに盛り上がっていましたが、実際に触ったこともなければ、アカウント登録すらしたことなかったので、これはまずいと思い、実際に海外のサイトでNFTアートを販売してみました。具体的には、*¹**OpenSea**というサイトで、自分の顔写真の画像を出品しました。

　これは実際やってみると、かなり手間がかかるものでした。

　まず、日本で仮想通貨を買える様に口座を開く必要があります。

　　*1 NFTのオンラインマーケットプレイス

　私はコインチェックで口座を開設済みだったのでそちらを利用しましたが、これらがまだの方は口座を開くだけでも大変でしょう。

　それから、*2Metamaskと呼ばれるウォレットをChromeにインストールする必要があります。これも私はインストール済みだったので楽でしたが、そうでない人にはまたハードルです。

　そうして、コインチェックからMetamaskに一旦*3ETHを0.05ぐらい移し、OpenSeaにアカウントを作って、出品できるようにMetamaskとOpenSeaを紐付けます。そのように、複数のプラットフォームの設定や連携をして、ようやくNFTアートを出品できるようになるのです。

　私の場合、Metamaskまで入れてたからまだ何とかなりましたが、ITや仮想通貨の経験の乏しい人が0からやるとなったら、大半の人が挫折すると思います。手間だけでなく、これらの準備だけでも合わせて0.04ETHかかりました。

　さらに、実際出品してみても、当然ですがアクセスがありません。多くの出品者がどうしているかというと、NFTアートコレクターのコミュニティに入って宣伝してたりするのです。

*2暗号資産を保管するソフトウェア・ウォレット
*3暗号資産「イーサリアム」の略

知識として知っていることと、実際にやるのでは大違いだと、普段から人に言っている私ですが、改めてその通りだと痛感しました。

　日々の意識や行動として大事なことは、常に新しいものや普段と違うことにアンテナをはり、気になったら調べて掘り下げ、解像度を高くして物事を見ることです。日常で不便を感じたら、何が、なぜ不便なのか、それを解決するには何が必要なのか、都度見逃さずに突き詰めることです。専門性のない人でも、日々の生活の中には必ず何かしらの不満や不便があるはずです。結局は日常をダラダラ過ごすのではなく、そういった意識や行動を習慣にすることの積み重ねだと思います。

[column]

泥臭い努力の裏に成功がある

　この本を御覧頂いている人の中には、これから起業をする予定の方もいらっしゃると思います。ですのでよく誤解されている事を今回は伝えておきます。起業は決して綺羅びやかなものではありません。

　華やかな六本木の生活を夢見て独立しても、蓋を開けてみたらレシートの入力したり契約書を製本したりと、結構地味な事務作業が待っています。肝心の本業にしてもコツコツと改善をすることがメインでしょう。
毎日毎日大きな案件が降ってきたり、何十億のアライアンスが決まる、なんて漫画みたいなことは決してありません。これはメディアの影響もあるのですが、一部の大成功した起業家の華やかな部分だけがフォーカスされすぎてしまい勘違いされてしまうことです。でもそういう大成功した起業家も、必ずその何百倍も地味なことを影でやってきています。

　この勘違いですが、問題なのはこれによって起こる弊害です。それは成功者のスマートな部分を夢見て起業するので、何でもかんでも最初から合理的に無駄なくやるのを良しとしてしまう事です。
○スマートに対応することが格好良い
○ルーティンワークなんて意味がない。僕は興味ないから他の人がやればいい。
○システム化出来ることはなんでもシステム化するべき
○無駄な時間は一切削除して合理的に生きよう

　皆さんの中にも上記のことを考えた人も結構いませんか?上記の考えが完全に間違えだとは僕も言いませんが、多くの場合(シード期なんてのは特に)、効率を求めると逆にコスパが悪くなります。無駄な作業、泥臭い作業、手を使って足を動かし稼ぐ作業。効率化せずまずは自分でなんでもやってみる事で得られるものは多々あります。

　泥臭く地道で、非効率だけどユーザーに直に触れられる部分という事にこそ最初に学びがあるんです。でも最近の人は何かタスクが出来ると、如何に効率よくする事だけを最初から考え、手を動かしたがりません。皆さんもまず頭だけで考えるのではなく、まずは色々手を動かして苦労してみましょう。色々見えてくるものがあると思いますよ。

［第3章］

スタートアップのビジネスモデル

さて、ここまでスタートアップの定義からアイデアを思いつくまでのステップを紹介してきましたが、本章では具体的なビジネスモデルについて幾つか紹介していこうと思います。

　事業を考える上で、基本的なビジネスモデルについて知ることは非常に重要です。

　是非基礎を理解して、ご自身のジャンルに当てはめていきましょう。

　今回紹介するビジネスモデルはこちらの5つです。

　どれもとてもベーシックなモデルになります。

　ただ最近リリースされたサービスを見ていると、どれか1つのビジネスモデルだけに絞って展開しているわけではなく、それら様々な要素を複合して構築されているのが目立ちます。

　あくまで今回紹介する5つは基本として抑えておき、必要に応じてアレンジを加えるようにしてください。

　紹介する5つのビジネスモデル

　○ コミュニティ

　○ スキルシェアリング

　○ セカンダリーマーケット

　○ EC（電子商取引）

　○ メディア

■ コミュニティ

最初に紹介するビジネスモデルはコミュニティです。

コミュニティとは、同じ興味や目的を持つ人々が集まって交流するオンラインサービスのことを指します。

コミュニティビジネスの特徴は、参入障壁の低さにあります。

例えば、イラストレーターが集まるコミュニティサービスを作ろうとした場合、特別なスキルや知識は必要なく、交流ができるシステムだけを用意すれば事業が成立します。

既存のサービスであるSlackやDiscordを利用してサーバーを立てるだけでも十分です。

このため、初めての起業にコミュニティビジネスを選ぶ起業家は多いです。

しかしながら、コミュニティビジネスにはいくつかの課題があります。

まず、*マネタイズが難しいことが挙げられます。

広告を設置したり、有料オプションを設けたりする方法はありますが、スケールという観点から見ると魅力的とは言い難いものばかりです。

また、コミュニティは基本的に1つのジャンルで複数のコミュニティが求められることは少なく、ある分野でコミュニティが既に

存在している場合、後からリリースしてシェアを奪うのは困難です。

　しかし逆に、目をつけたジャンルにまだコミュニティがない場合、自分が最初のプレイヤー（ファーストペンギン）になれる可能性が高く、成功確率も上がります。

■ スキルシェアリングサービス
　次に紹介するビジネスモデルは、スキルシェアリングサービスです。スキルシェアリングサービスとは、個人や企業間でスキルや時間を売買するサービスのことを指します。

　このビジネスモデルの特徴は、コミュニティビジネスと同様、参入障壁の低さにあります。
　例えば、カメラマンと被写体のマッチングサービスがあったとします。
　これは、被写体がオンライン上でカメラマンを探せるサービスです。
　このようなサービスを始めるにあたって、特別な知識やスキルは必要ありません。
　マッチングができるシステムを構築すれば、すぐにサービスをリリースできます。

　最近では、スキルシェアリングに特化したシステムが格安で利用できるため、簡単にサービスを始められます。

　コミュニティビジネスと異なる点は、マネタイズにあります。
　スキルシェアリングサービスでは、明確なマネタイズポイントが存在します。
　それは、取引ごとに発生する仲介手数料です。
　カメラマンと被写体の例では、被写体がカメラマンに依頼し、サイト上で決済をする度に、一定の割合が運営に仲介手数料として支払われます。
　これによって、サービスの運営が継続できます。

　また、スキルシェアリングサービスでは、コミュニティ同様、**いち早くそのジャンルでサービスを始めることが重要**です。
　既に他企業がサービスを開始していた場合、なかなかユーザーに使ってもらうのが難しいからです。

　しかしスキルシェアリングサービスは全体でまだまだ空白領域が幾つか存在します。
　そういった分野を見つけて挑戦できるのも良いポイントです。
　皆さんも是非探してみてくださいね。

■ セカンダリーマーケット

　3つ目に紹介するビジネスモデルはセカンダリーマーケットです。セカンダリーマーケットとは、個人や企業等の間で物品を売買する二次流通サービスのことです。古着や家電、家具、アート作品など、幅広い商品が取り扱われることが特徴です。

　まずセカンダリーマーケットのビジネスモデルには2種類のモデルがあることを知ってください。1つは**買い手と売り手が直接取り引きするハンズオンと呼ばれる方法**です。例えばメルカリをイメージしてみてください。メルカリでは買い手と売り手が自由に取引を行っており、一つひとつの取引にメルカリの運営が関与することはありませんよね。

　もう一つの方法は、**運営が買い手と売り手の取引に関与するとハンズオフと呼ばれる方法**です。高級時計やスニーカーのセカンダリーマーケットがこれに該当します。高級時計やスニーカーをユーザー間で売買する場合、まず運営が間に立ち時計やスニーカーを売り手から預かります。その後、運営の手を経て買い手に渡されます。なぜこの様にワンクッションひと手間挟んでいるかと言うと、高級時計やスニーカーは贋作が多数出回っており、運営が一つひとつ真贋チェックを行う必要があるからです。このように偽物が世に流通している商材の場合は、運営が仲介しなければ成り立たないのです。

　さて、2種類の方法があるというのを前提とした上で、このビジネスモデルの特徴を説明しましょう。まず、直接取引する方法に限って言えば参入障壁は低いと言えます。スキルシェアリングサービス同様、マッチングが出来るシステムを用意したらサービスを始められるからです。

　ただ運営が仲介する方法を選ぶのならば、そこには真贋をチェックするスキル、そして預かったものを保管する場所などが必要になります。その為、一定の参入障壁があると言えるでしょう。

　マネタイズ方法は分かりやすく、取引毎に発生する手数料です。

　これは誰にとっても明確なのでスマートに導入できるでしょう。

　他に注意する点として、直接取引する方法にせよ運営仲介する方法にせよ、それぞれ物流の確保が必要になります。

　特に変わったものでなければ通常の宅配便で問題ないのですが、これが例えば漁師の船とかのような特殊なものの場合、なかなか確保が難しくなります。

　もちろんこの物流を確保する術をあなたが持っている場合、それは逆に武器にもなりえます。

　セカンダリーマーケットは私自身とても大好きなモデルで汎用

性が高いのですが、物流の確保や真贋チェックが難しいので注意が必要と言えるでしょう。

■ EC（電子商取引）

4つ目のビジネスモデルはEC（電子商取引）です。

ECは非常にポピュラーで、運営がユーザーに商品を販売するというモデルです。

ECを始めるにあたっての参入障壁は、販売する商品を自社で用意するのか用意しないのかにより程度が変わってきますが、概ね低めであるといえます。

このモデルは誰にとっても分かりやすくイメージがしやすいです。リスクも低めで初期コストも抑えることができるため、起業初心者に選ばれることが非常に多いです。マネタイズも商品の売上という非常に明確ですからね。

ただし、このビジネスモデルはスタートアップ型ビジネスではなく、スモールビジネスに分類されます。これは、ECの規模や成長速度が通常、スタートアップ型ビジネスと比較して小さく、徐々に成長していく傾向があるためです。

また、ECビジネスにおいては、**競争が非常に激しく、差別化
や独自性を持つことが成功への鍵**となります。ユーザーが多くの
選択肢の中から自社の商品を選ぶ理由を見つけることが重要で
す。そして、物流や在庫管理などのバックエンド業務もスムーズ
に運営できる体制を整えることが求められます。

ECビジネスは、参入障壁が低くリスクも低めであることから
人気がありますが、競争が激しいため、成功には差別化や独自
性の追求、バックエンド業務の効率化が不可欠です。

■ メディア

最後に紹介するビジネスモデルはメディアです。メディアは情
報を伝えるWebの媒体であり、オンラインで様々な情報を発信
することができます。

メディアを始めるにあたっては、参入障壁が比較的低いと言え
ます。自分で記事を書ける場合、ブログを開設するだけでメディア
を立ち上げることができます。さらに、Generative AIの技術が進
化している現在では、自分で記事を書くことができなくても、ライ
ターを確保することなくメディアを始めることが可能です。

ただし、メディアビジネスの課題はマネタイズです。基本的に

は広告モデルが主となりますが、収益化が難しい面があります。月数万円の副業レベルであれば、難易度はそれほど高くなく達成可能ですが、ビジネスとして十分な売上を確保することは非常に難しいと言えるでしょう。

　メディアを始める際に重要なのは、SEOへの理解やキーワードの選定です。これらは地道に時間をかけて調査する必要がありますが、学生には相性が良いとされています。また、メディアビジネスは同じジャンルでも複数のメディアが存在しても成り立つため、後発でも競争力を持つことができます。このため、学生には非常に人気のあるビジネスモデルと言えます。ただし、ECと同様に、メディアビジネスはスモールビジネスに分類されることが多いです。

■ 先行サービスに対抗する方法：特化することの重要性

　近年、さまざまなサービスモデルにおいて、特定の業界や業種に特化したサービスが流行しています。

　総合型（全ジャンル対応型）のサービスは、既に先行者によって市場が獲得されていることが多い事が理由です。

　特化型サービスはその領域において圧倒的な強みを活かし、先行者のサービスを切り崩すことが可能です。

　特化することによるメリットは主に3つあります。

　1つ目はブランディングの明確化です。

　特定のジャンルに焦点を当てることで、サービスの目的や利用
用途が明確化され、ユーザーからの認識が鮮明になります。

　例えば、トレーディングカードやスニーカー専門のセカンダリー
マーケットを作ることで、ブランディングが明確化されます。

　全ジャンル対応型のメルカリの場合、何を売買するのか一瞬
ではイメージが湧きませんが、トレーディングカード専門だとその
イメージがすぐにわかるでしょう。

　2つ目は*UI/UXの向上です。

　ジャンルを絞ることで、専門的なコンテンツを取り入れることが
可能となり、業界の専門用語なども利用できるようになります。

　例えば、トレーディングカードに特化したセカンダリーマーケット
では、遊戯王やマジックザギャザリングなどのゲームごとにタイト
ルやパック名があり、カードごとの細かい属性分類が可能です。

　これにより、タイトルやパック名でソートしたり、カードの属性で
検索やフィルタリングができると、UI/UXが大幅に向上します。

　全ジャンル対応型のメルカリでは、このような機能が存在しな
いため、目当てのカードを見つけるのが難しいでしょう。

最後のメリットは取引発生率の向上です。

　特化型サービスでは、取引が発生する際に最初からニーズが一致しているユーザーが集まることで、高い確率で取引が期待できます。

　トレーディングカード専門のセカンダリーマーケットでは、最初からトレーディングカードが好きなユーザーだけが集まるため、取引や交流が発生しやすくなります。

　一方、全ジャンル対応型のメルカリでは、服を欲しがる人もいれば、食品を欲しがる人もいるため、マッチングには圧倒的なユーザー数が必要になります。

　これらのメリットを活かして、**特化型サービスは、先行者が展開する全ジャンル対応型のサービスから、自社が絞ったジャンルだけでも市場シェアを奪っていくことが期待できます。**

　特化型サービスは、その独自性と強みを活かし、市場で競争力を発揮し、顧客からの支持を獲得することができるからです。

　将来的には、特化型サービスがさらに細分化され、よりニッチな市場においても競争力を発揮し続けることが予想できます。

[column]

自分を好きでいる為に誠実に生きる

　僕たち起業家は孤独です。

　誰も最後の部分では救ってくれないし、自分の身は自分で守るしかありません。それ故に大切になってくるのが、自分を信じ続ける事が出来るかです。

　僕のようにちょっと小賢しく知恵が働く人間は、他人を表面上欺くことは大して難しいことではありません。仕事上の付き合いだけの人はもちろんですが、浅い関係の友人、あるいは頑張れば親友や親兄弟だって欺くことは可能でしょう。しかしこの世の中には決して騙せない人間が一人だけいます。

　それは「自分」です。自分だけは自分がどう考えていて実際にどう行動したのかを包み隠さず知っています。そうなった時、自分のことを好きでいられるような行動をしたのか、が重要になってきます。

　例えば普段人前では大層ご立派な事を宣っていたとしましょう。でも裏では不義理をしたり、平気で不誠実な対応ばかりしていたとしたら、そんな行いをしている自分を好きでいられるでしょうか。もっというと自分自身を信じることが出来るでしょうか。

　「あぁ、僕はなんだかんだ言って結局最後は投げ出すからな。結局適当に雑にしちゃう人間だからな」

　少しでもそういう自分自身に自信がもてなくなってしまったら、起業家人生においていつか訪れるいざという時に、最後の最後に踏ん張ることができません。自分を信じられない状態ではやり遂げる信念をもつことができないのです。

　日頃の行いというのは、一番自分自身に返ってくるものです。僕みたいに自分大好き人間にとって、自分自身が嫌いになってしまうほど惨めなことはありません。

　今日という日を楽しく生きれるよう、相手に対して誠実に生きていきましょう!

[第4章]

ビジネスモデルの要素と戦略

さて、この章では、いよいよビジネスモデルに必要な要素を分解して解説していきます。

専門的な内容にはなりますが、アイデアを考える上でどれも大切な内容ですので是非頑張って覚えてください。

なお、それぞれの項目には筆者が経験則から感じた独自の解釈が多分に含まれております。

一般的に通じている解釈とは異なる内容があるかもしれませんが、ご了承下さい。

■ 先行優位性と後発優位性

最初に説明する要素は、先行優位性と後発優位性です。

それぞれ我々の業界では、ファーストムーバーアドバンテージ、セカンドムーバーアドバンテージ、と表現する場合があります。

まずそれぞれの定義について簡単に説明します。

先行優位性とは、先行者（あるいはそれに親しい立場の者）だけが手に入れられる利点・優位性のことです。

後発優位性とはその逆で、後から入ったものだけが得られる利点・優位性です。

それでは次に先行優位性とはどのようなものがあるかを説明

していきましょう。

　私が考える先行優位性は下記3つがあります。

1.カテゴリーを代表するブランディング・イメージの獲得

2.イノベーター・アーリーアダプター層へのリーチ

3.後発が現れるまでに競争優位性を確保できる時間的猶予

　1番の、カテゴリーを代表するブランディング・イメージの獲得とは何か。これは、一番最初に大々的に世に打ち出してアピールした企業がユーザーの第一想起に上がりやすい、ということです。

　例えば皆さん、マンツーマンダイエットと聞いたら何を思いつきますか?

　多くの人は「ライザップ」になるのではないでしょうか。

　世の中には数多くのマンツーマンダイエットサービスはある中でなぜライザップが思いつくのか。

　それはライザップが一番最初に世の中に大々的にアピールしたからです。

　他にも我々40代前後の世代だと、語学学校と言えば「駅前留学NOVA」を思いつきませんか?

　第一想起に上がるということは常にユーザーの選択肢に入る

ということになり、他社に比べて大きなアドバンテージです。

　そしてこのユーザーの第一想起を取れるというのは**最初にアピールした、いわゆる先行者だけが取れる優位性**です。

　これが私の考える1つ目の先行優位性になります。

　2つ目のイノベーター・アーリーアダプター層へのリーチとは何でしょうか。

　それは、我々のようなイノベーター・アーリーアダプターという人種は、はじめてできた新規性のサービスには飛びつくが、余程のことがない限り二番手 (セカンドペンギン) の出すサービスには見向きもしない、ということです。

　例えば昨今流行りのGenerative AI。

　皆さんはおそらくChat GPTを使っていませんか?

　あるいは使ってないにしても名前ぐらいは聞いたことあるでしょう。

　しかし案外知られていないのですが、似たようなGenerative AIは他にも様々にあります。

　それこそChat GPTより一部ではパフォーマンスを凌駕するものすらあるのです。

　しかし実際には最初に世に大々的に打ち出して脚光を浴びたChat GPTばかり皆さん使いますよね。

　2番手の優秀なサービスの会員になることはなかなかないのが現実です。

　これこそが先行優位性であると私は考えます。

　3番目の先行優位性は、後発が現れるまでに競争優位性を確保できる時間的猶予です。

　これに関しては筆者独自の見解です。

　筆者は、一見して重複しがちである競争優位性と先行優位性を明確に分けるため、この様な解釈をしております。

　スタートアップはその市場にいの一番に乗り込んだとしても、その市場が有望であればあるほど、必ずやセカンドペンギンが目の前に現れます。

　その、一週間後か、一ヶ月後か、一年後か、はたまたもしかしたら**明日現れるかもしれないであろうセカンドペンギンの為に、日々準備をしておく必要があります。**

　その準備とは、他社には真似ることが難しい要素、つまり競争優位性の構築です。

　セカンドペンギンが現れるまでにそれを構築できるか、あるいはしないまま自社事業にしか目をむけないかが、先行者、ファーストペンギンのあなたが生き残れるか否かの見極めになります。

　ですので、先行者として時間があるうちに備えをしておきましょう。

　そのための時間的猶予こそが先行優位性である、と私は解釈しています。

さて、ここまで先行優位性について3つほど語りました。
では次に後発優位性について語っていきましょう。

そもそも皆さんは。後発者、セカンドペンギンだけが持ち得る優位性があることを知っていましたか?

私のところにはたまに、「池森さん、事業を始めようと思ったけど、同じことやってる企業がすでにあって諦めたよ」という人がいます。

しかし待ってください。

確かに多くのサービスにおいて、先行者、ファーストペンギンが有利なのは間違いありません。

しかし後発者、セカンドペンギンが必ずしも勝てないわけではないのです。

セカンドペンギンにはセカンドペンギンしかもっていない利点・優位性があります。

セカンドペンギンは、その優位性を活かして、ファーストペンギンの背中を蹴ってシャチに食わせれば良いだけの話です。

ここでは筆者が考える後発優位性について下記4点を紹介します。

1.ユーザーへの文化浸透の苦労が不要

2.先行者が構築した最適解の導入

3.整備されたインフラによるコスト削減

4.新しいテクノロジーを事前に実装した最先端のUI/UXの導入

　1つ目の後発優位性は、ユーザーへの文化浸透の苦労が不要ということです。

　新しい市場に入っていったファーストペンギンは、必ずしも誰も居ないところで独壇場でシェアを掻っ攫えるというわけではありません。

　むしろそのようなことは稀です。

　彼らが一番苦労していることは、新しい文化をユーザーへ浸透させることです。

　例えば第二章で家具のサブスクの話をしたのを覚えてますか?

　若者の一部が家具をレンタルし始めている、というものです。

　この家具のサブスクリプションサービスをファーストペンギンの立場で始めたスタートアップがあるのですが、彼らが一番苦労していることは、他の若い世代の人たちに家具のレンタルという文化を広めることでした。

　一部の若者はレンタルを始めていたとしても、他の大多数の人にとってはまだ馴染みのある文化ではありません。

　ここを広めて使ってもらうのがとても難しいのです。

　しかし後から入ってきたセカンドペンギンの立場のスタートアップは、彼らが文化を作り、下地ができた上で参入することができるので、そこに**タダ乗りする形で、美味しいところだけを手に入れる事が出来る可能性がある**のです。

　これが後発優位性の1つ目になります。

2つ目は、先行者が構築した最適解の導入です。

　ファーストペンギンで市場に参入したものは、とかく最適解を見つけ出すまでに試行錯誤します。

　システムのフローであったり、ユーザーへの見せ方であったり、価格の設定であったり、全てにおいて市場と対話しながら、判断していかなければいけません。

　しかしセカンドペンギンであるならばそういった苦労は必要ありません。

　ファーストペンギンが苦労してたどり着いた**最適解を最初から模倣して実装すること**が出来るからです。

　これはセカンドペンギンだけがもつ大いなる優位性と言えるでしょう。

　3つ目は、整備されたインフラによるコスト削減です。

　ファーストペンギンが市場に入り、彼らが市場のインフラやシステムを整備・開拓すると、セカンドペンギンはそれにタダ乗りすることができます。

　それにより**あらゆるコストが削減される**でしょう。

　このあたりは*D2Cサービスでよく見られる傾向です。

　文脈とは若干外れますが、ファーストペンギンは場合によっては法整備などもロビーイングで整えてお膳立てしてくれる時があります。

　この場合、セカンドペンギンはとても楽な環境で市場に入れることができます。

　*自社製品を消費者に直接販売する方式

この気軽さはファーストペンギンには絶対にありえないですね。

最後の後発優位性は、新しいテクノロジーを事前に実装した最先端のUI/UXの導入です。

筆者的にはこの優位性こそが最も有用で、使い方次第でファーストペンギンを打ち倒す武器になると考えております。

どういうことか。

つまり、ファーストペンギンのサービスは、市場に参入した当時は確かに最新の仕様やUI/UXを用いていました。

しかし時代があまりに経つと、それらの仕様やUI/UXは古臭いものになっているケースが多々あります。

そんな折にセカンドペンギンが最新の仕様を持ってサービスをリリースするのです。

そうするとより時代に適したUI/UXをもつサービスにユーザーは利便性を感じる**ことでしょう。**

例えば最近だとオンラインヘルスケアサービスが良い例かもしれません。

従来のオンラインヘルスケアサービスは、主にチャットを使ってやり取りしていたり、予約の窓口だけオンラインで受けて後はオフラインの診療所に誘導していました。

しかしコロナ禍になりオンライン通話機能が普及し始めると、新たにオンラインで医者と通話する事ができるサービスが出てきたのです。

こうなっては、従来のチャットベースで進めていたヘルスケアサービスでは太刀打ちできるわけがありません。

　もちろん既存サービスも慌ててオンライン通話機能を入れる努力はします。

　しかし前提として旧来のシステムの上に成り立つ既存サービスと、オンライン通話がベースとなる新興サービスとでは、サービス導線の質に明らかな違いがでます。

　この様に、最新の仕様を入れることで、差別化を図ることは十分に可能です。

　以上、長くなりましたが先行優位性と後発優位性の説明になります。

　皆さんも市場にファーストペンギンがいたとしても、すぐに諦めることがないよう、それぞれの立場の武器を使って戦いに挑みましょうね！

■ 競争優位性の本質と具体例

　次に競争優位性について解説します。

　まず私なりの競争優位性についての定義を説明すると、**模倣困難性が高い事**、これに尽きます。

　他社が資本力などを投入して短時間で取得できるものは競争

優位性ではありません。

それは、誰しもが構築するのに等しく時間を要するもの、と言い換えることもできます。

これが私の思う競争優位性の定義です。

では競争優位性の例を挙げる前に、まず多くの人が誤解しているけれど実は競争優位性にはならないものを2つ紹介します。

競争優位性ではないもの、その1は便利な機能です。

私のところには若いスタートアップが良く相談に来ますが、彼らは決まって私にこう言います。

「池森さん、僕のサイトを見てください。他社にはない便利な機能があるんですよ。検索とか凄く多機能でしょう！他にもこんな機能があるんですよ！」と。

しかし残念ながら、彼らの言う便利な機能は競争優位性ではありません。

確かに彼らの提示している機能は競合他社に比べて便利だと思えるものもあります。

しかしながらそういった機能は市場が*コモデティ化していくと周りも実装していくので、機能面での差別化はほとんど期待できなくなります。

そういう意味で基本的に**仕様による差異は競争優位性には**

なりえないのです。

　競争優位性になり得ないもの、その2は斬新な手法です。

　例えば皆さんは、歯の矯正をしたことはありませんか？

　私のような40代の人間ならば、歯の矯正を子供の頃にした場合、ワイヤーを表面につけて矯正したはずです。

　これよりもう少し若い方ならば、歯の裏側にワイヤーをつけたことでしょう。

　しかし最近の矯正方法はワイヤーを使うことはそもそもしません。

　3Dプリンターで歯型を作って、その透明のマウスピースを歯にはめて矯正していくのです。

　この方法ならば定期的に通院する必要がなく、またコスト面も低く抑えられます。

　従来の方法より遥かに優れていると言えるでしょう。

　ではこの3Dプリンターで歯の矯正しているクリニックが他クリニックに比べて競争優位性になるかと言えば、否です。

　なぜなら、新しいテクノロジーを使った[*1]ソリューションは、**本当に素晴らしいならばすぐに[*2]デファクトスタンダードになってしまう**からです。

　確かに現段階においてはそのクリニックは他より半歩進んでいると言えます。

　しかしそんなものは時間によってすぐに追いつかれてしまう半歩です。

*1 解決・解答
*2 市場に因る業界標準

　スタートアップのクリニックが導入できるならば他クリニックも
また同様に導入が出来るからです。
　この点もよくよく誤解されることなので注意してください。
　以上2つが競争優位性だと誤解されがちな要素です。

　それでは正しい競争優位性をこれから紹介しましょう。
　今回紹介する例はこちらです。

○ コミュニティ

○ データベース

○ 信用の可視化

○ コンテンツの独占確保

○ 顧客への独自のチャネル

○ 特殊層へのネットワーク

○ エンゲージメント

○ ブランディング

○ アライアンス

○ スイッチングコスト

○ ネットワーク効果

■ コミュニティとデータベース
　最初に紹介する競争優位性はコミュニティです。

コンシューマ向けサービスを運営している際に、ユーザーコミュニティを抱えていると、他社に比べて競争優位性になります。

なぜならコミュニティを抱えているだけで、ユーザーの*¹LTVや*²スイッチングコスト、*³バイラル係数などの各種数値が向上する上に、場合によっては管理育成コストが軽減され、価格優位性が生まれるからです。

例えば、「タスカジ」というサービスをご存知でしょうか?

タスカジは、家政婦と家政婦を必要とする人をつなげるCtoCマッチングサービスです。

タスカジには数多くの競争優位性がありますが、その一つが「ハウスキーパー」(タスカジでは家政婦のことをこう呼んでいます)のコミュニティです。

このコミュニティでは、ハウスキーパー同士が毎日、各種の知識や経験を交換しています。

これは、基本的には地理的に離れた場所に住んでいるハウスキーパー同士は競合しないからです。

例えば、北海道のハウスキーパーと沖縄のハウスキーパーは、顧客を奪い合うことはありません。

それゆえに、互いに知識や経験を交換することは、全員にとってメリットになります。

一般的には、ハウスキーパーの育成は家事代行を営む法人が

担当すべきですが、タスカジは*4**シェアリングエコノミー**でマッチングプラットフォームのため、ハウスキーパーの育成を直接行うことができません。

しかし、タスカジのブランドクオリティは個々のハウスキーパーが提供する家事代行サービスの品質まで包含されたもので評価されるため、品質のコントロールは何らかの形で行う必要があるのです。

そこで、このコミュニティの互助効果により、ユーザー間でその役割が果たされることになります。

結果、育成コストが軽減されるため、その分を価格に反映できるのです。

つまり、他社が育成コストを含めた価格を提示している現状では価格競争力が生まれるということになります。

もちろん、これはコミュニティが生み出す競争優位性の一部に過ぎませんが、これだけを見ても、コミュニティの存在は事業戦略上非常に重要であることが分かります。

そして、忘れてはならないのは、活気あるコミュニティを作るためには、長い時間と尽力が必要であるという事実です。

ユーザーと深く向き合い、*5エンゲージメントを高めることで初めてコミュニティが構築されていきます。

これは資本力だけで容易に獲得できるものではないため、模倣が難しく、強い競争優位性が生まれます。

*4 ネットを介してモノ・サービスを提供、共有する取引
*5 愛着・親近感。深い関わり・繋がり

83

次に紹介する競争優位性はデータベースです。

事業によっては重要なデータを持っているか否かが*コンバージョンレートに大きく影響してくることがあります。

皆さんは、トイサブ！というサービスをご存知でしょうか。

トイサブ！は知育玩具のサブスクリプションサービスです。

0歳の子供には0歳用の知育玩具を、1歳の子供には1歳用の知育玩具を、2歳の子供には2歳の知育玩具をそれぞれサブスクリプションで提供しています。

このトイサブ！ですが、コンバージョンレートや顧客満足度において、データベースが非常に重要な役割をもっております。

どういうことかというと、一口に1歳の子供、2歳の子供と表現しても、そこには様々な個性を持つ子がいます。

一人遊びが好きな子やごっこ遊びが好きな子、何かを作ることに夢中になる子やアクティブに色んなことに興味がある子など様々です。

その多様な子に対してトイサブ！は一律で同じおもちゃを送ることはしておりません。

それぞれの個性に合わせて最適なおもちゃを選定し送っているのです。

ではトイサブ！はどの様に最適なおもちゃを選択しているのか。

それは、膨大に蓄積された過去におもちゃを提供した子供たちからのおもちゃ評価データから判断しているのです。

* 見込み客から顧客に転換した割合

　トイサブ！は運営を開始してから数年が経ち、競合他社とは比べられないほどのおもちゃを提供しています。既に得られたおもちゃ評価データは100万件以上です。

　それは言い換えると、それだけ**沢山の子供たちがトイサブ！が届けた知育玩具で遊んだということであり、トイサブ！のもとにはユーザーフィードバックが溜まっていっています。**

　それを分析することで、一人遊びが好きな子にはこういうおもちゃを渡すと喜んでもらえて、何かを作ることが好きな子にはこういうおもちゃを渡せば楽しんだり、子供の成長に繋がるというのが判明するのです。

　この結果、トイサブ！の顧客満足度は他社サービスに比べて遥かに高い水準となっています。

　データベースの有無が競合に対して優位性を保てる要素になっているわけです。

　しかしこのデータベースを手に入れるのは時間がかかります。

　なぜならこのデータはお金ですぐに手に入るものではなく、自社の商材を多くのユーザーに使ってもらうことで、はじめて蓄積されていくからです。

　故にこちらも模倣困難性が高く、競争優位性だと言えるでしょう。

■「信用の可視化」と「コンテンツの独占確保」

　3つ目のポイントは信用の可視化です。

こちらは先程ビジネスモデル紹介のように**スキルシェアリングサービス**において重要な要素になります。

　スキルシェアリングを運営するにあたっては「信用の可視化」という事を意識しなければなりません。

　「信用の可視化」とはなにか。

　通常ならば、人は、インターネット上で誰かにお金を払って何かを依頼する際、信用できる人にしか依頼しません。

　その信頼できるできないを多くの人が何で判断しているのか。

　多くのサービスではこのためにレビューや評価システムを導入しています。

　例えば、レビュー数が300件で、評価が5点満点中4.9点のユーザーがいた場合、信頼できると感じるでしょう。

　逆に、レビュー数が2件で評価が1.5の人に依頼をしたいと思うでしょうか。

　これこそが、スキルシェアリングサービスに必要な「信用の可視化」の要素です。

　しかし、レビューと評価システムは難しいものです。

　レビューがなければ取引は発生しにくいですが、取引が発生しなければレビューは生まれません。

　そのため、どのようにレビューを増やしていくかという点で、業界に参入する立ち位置が重要になります。

　例えば、カメラマンと被写体のマッチングサービスを作ろうと

考えた場合、既に他社が同様のスキルシェアリングサービスを始めていたらどうでしょうか。

おそらくそこには一定数のレビューや評価が溜まっていると想像できます。

その場合、新しいスキルシェアリングサービスをリリースしても、ユーザーはあまり使ってくれないでしょう。

なぜなら、**既存サービスにはレビューが溜まっており、信用の可視化ができているため、新規ユーザーは既存サービスを利用する傾向があるからです。**

それが繰り返されると、既存サービスにばかりレビューや評価が溜まり、新サービスは閑散としてしまうでしょう。

一方、もし幸運にもそのジャンルで最初に参入する企業の立場になれた場合、レビューや評価を溜め込んで信用の可視化を手に入れることができると、十分な強みと言えます。

この様に信用の可視化という要素も、少しずつ取引をしていかなければ貯めることはできず、模倣困難性が高いと表現できます。

競争優位性にふさわしいですね。

4つ目はコンテンツの独占確保です。

これは実行できれば極めて強力な優位性になり得るでしょう。

コンテンツの独占確保とは、文字通り、コンテンツホルダーを

独占契約などで囲い込んでしまうことです。

コンテンツホルダーが少数で希少な場合、非常に有用な施策となります。

なぜならこれをされると後発企業は参入したくても参入できなくなるからです。

例として、"コラボメーカー"というサービスをご存知でしょうか？

これは研究所や高価な研究器具のシェアリングサービスで、全国の研究所や器具をレンタルすることができます。

現在、コラボメーカーには数多くの研究所が登録されており、活発な取引が行われています。

しかし、日本全国で民間が運営している研究所でシェアが可能な場所は実はあまり数が多くありません。

とりわけ、ニーズの高いキラーコンテンツをもっている場所や、実際に契約が現実的に可能なところとなるとさらに少ないのが現状です。

この状況下で、コラボメーカーが対象となる研究所と「コラボメーカーのみで取引する」という**独占契約を結ぶとどうなるでしょうか？**

新規参入企業は、研究所と交渉する段階で独占契約を理由に断られ、事業を開始することができません。

この例から分かる通り、コンテンツの独占確保は、その対象となるコンテンツホルダーが少ない場合に非常に効果的な戦略となります。数万、数十万となると、囲い込みは難しくなるでしょう。

さらに、独占契約を結ぶ際には慎重さも必要です。

　ステルスモードで行い、最初に権威付けが出来るところを幾つか抑えサービスとして価値をつけておくなどが必要です。

　もし成功すれば、コンテンツホルダーを独占することは、非常に強力な競争優位性を生み出します。

■ 顧客への独自チャネルと特殊層へのネットワーク

　5つ目の競争優位性は、ユーザーへの独自のチャネルです。

　なにか事業を始める際、その対象となる**ユーザーへ直接リーチが出来る独自のチャネルを持っているならば、それは競合に対する優位性になるでしょう。**

　独自のチャネルとはメディアや、コミュニティなどを指します。

　例えば男性の美容のビジネスを始める際、メンズ美容メディアを数年運営し既にPVが随分出ているとしたら、あるいは美容に興味がある男性だけのオンラインコミュニティを運営し随分活発に動いていたとしたら、それはユーザーの確保という点で十分な強みと言えます。

　もちろんある程度育ったメディアやコミュニティを作るのには時間がかかるのは言うまでもありません。

　次に重要なのが特殊な層へのネットワークです。

　世の中には、芸能人やスポーツ選手といったような、なかなか一般の人がリーチができない層があります。

　もし彼らに対して強いネットワークがあるならば、事業によっ

ては大きな強みになるでしょう。

　例えば私のもとには、声優ビジネスを始めたいという人が年に数回現れます。

　声優と直接話しができたり、声優からメールが届く、といったものです。

　しかしこれらの事業を始めるにあたって大切なのは、企画力や開発力ではありません。

　声優へのネットワークがあるか否かが勝負の分かれ目全てと言えます。

　声優、とりわけ人気がある声優へネットワークがあるならば事業はある程度軌道に乗るのが見えやすいでしょうし、仮に全くないのならば、どんなに企画力や開発力があっても、なかなか立ち上げや成長に苦労することでしょう。

　この様に特殊な層へのネットワークは、事業の成長を決める大きな要素となる場合があります。

■ エンゲージメントとブランディング

　特定セグメントへのエンゲージメントが時として重要になるケースもあります。

　あなたが参入しようとしている業界がコンサバティブであればあるほど、各 *****ステークホルダー**へのエンゲージメントが高いかどうかで市場に参入できるかが決まる可能性があります。

　　*顧客・取引先・すべての関係者

　例えば農林水産業や町工場系の事業の場合、彼らは全くのよそ者が外から入ってきて事業を始めることをあまり良しと思わない傾向があります。

　そういった際、どんなに良いものを彼らに提供しようとしても受け入れてもらえないでしょう。

　しかし、もし親しい仲間内からそういったアイデアが出てきたら話は変わります。

　彼らは積極的に受け入れ、応援してくれます。

　この様に長い時間をかけてステークホルダーと交流し、エンゲージメントを高めていくことができれば、それは競争優位性ともいえる要素になりえます。

　ブランディングなども競争優位性ですね。

　サービスや会社に、安心感や信頼感などのイメージがついているならば、些細な差別化や価格優位性などを乗り越えることができます。

　例えばここに、真っ白い紙コップが二つあったとします。

　そして同じコーヒーが同じ量だけ入っています。

　片方にはスターバックスのロゴがプリントされていて、片方は何もプリントされていません。

　この場合どちらに人々はお金を払うでしょう。

　優れたブランディングというのはサービスに対して素晴らしい利益をもたらすことができます。

もちろん獲得するには長年のサポート実績や結果などが必要になるので一朝一夕で出来ることではありません。

　是非このあたりも意識していきたいものですね。

　大企業や省庁、地方自治体との*アライアンスも時として競争優位性になります。

　サービスの拡充や信頼性の担保に繋がるからです。

　トップダウンで影響力を及ぼすことが出来る業界団体や行政との連携ならばより効率的だといえます。

　もちろんこれを獲得するのも容易ではありませんね。

　その他に、スイッチングコストやネットワーク効果という競争優位性も考えられます。

　これは後の項目にて詳しく説明しますので、ここでは割愛します。

　あとは知的財産権などもあてはまるでしょうね。

　これも手に入れるのには難易度が高く、模倣困難性が高いといえます。

　今回幾つか競争優位性を挙げてみました。

　もちろん全てが皆さんの事業に活用できるものではないかと思われます。

　*提携・連携

そして今回挙げた物以外にも様々な要素があるでしょう。

大切なのはご自身で事業に向き合い、相性の良いものを早くから見据えて構築に動くことです。

来るべきセカンドペンギンの出現に備えて、しっかり備えてくださいね！

■ スイッチングコストとは何か

ビジネスを考える上で、スイッチングコストという概念も忘れてはいけません。

というか私が見る限りにおいて、起業初心者の方ほどこの概念を軽視しすぎている節があります。

概念があるのは知っているし、理解はしているつもりですが、実際起業をするにあたって意識をしていない。

私から見ると多くの初心者がそのように映っています。

さて、まずスイッチングコストの説明をします。

スイッチングコストとは、サービス間を移行する際における、金銭的、時間的、心理的コストを指します。

スイッチングコストが高い状況とは、サービスを乗り換えるのが手間である状況という意味です。

例えば皆さん、今メインで使っているメールアドレスを、明日か

ら別の全く新しいメールアドレスに切り替えてください、と言われたらどう思いますか?

金銭的な負担はないかもしれませんが、随分億劫に感じませんか?

今までやり取りしていた取引先全員に伝えなければなりませんし、サービスの利用に使っていたなら全て設定を変えなければなりませんからね。

メールのスイッチングコストが高いというのがよく分かるかと思います。

さて、このスイッチングコストですが、自分で事業を開始してユーザーを獲得したら、当然ですが真っ先に挙げる施策を打たなければなりません。

なぜなら、苦労して獲得したユーザーのスイッチングコストを低いままにしていたならば、競合他社に簡単に取られてしまうからです。

ビジネスにおいて最も理想なのは、**他社などから獲得する際はスイッチングコストが低くて、自社で手に入れたら囲い込んで上げておく**、という状態だと思います。

さて、それではスイッチングコストを上げる施策とは何か。

今回ここでは4つの事例を紹介します。

1つ目はコミュニティを根付かせることです。

自分のサービスでユーザーを囲い込んだら、そのユーザーコミュニティをオンラインなりオフラインなりで設けることです。

そして適切に運営しエンゲージメントを上げておくと、ユーザーのスイッチングコストは向上します。

例えば皆さん、自分のお気に入りのサービスでユーザーコミュニティがあったとして、そこで楽しく、友達ができたとしたら、そのサービスから他社の類似サービスに移行しようと思いますか？

多くの方が「コミュニティの居心地が良いから」「友達がいるから」「もっと運営と話したいから」という理由でそのまま居続けるのではないでしょうか。

これがコミュニティを根付かせることでスイッチングコストを上げることが出来る要因です。

2つ目は非常に王道な方法です。

蓄積された重要なデータをエクスポートできない状態にすること。

例えば皆さん、Rettyというグルメサービスをご存知ですか？

私もこの何年間か愛用しているサービスなのですが、Rettyには自分が行ったレストランを登録・管理することが出来る機能があります。

私も過去友達や恋人と行った様々なレストランを自分用に日々記録していまして、その数は優に数百を超えます。

この様に記録したレストランデータベースを必要な時に検索し、活用しているわけです。

さて、ここで1つ皆さんに質問があるのですが、仮にここで Retty 2というサービスを誰かが開発したとしましょう。

　Retty 2はRettyより遥かに便利で遥かにデザイン面が優れています。

　その場合、私はRettyからRetty 2に移行するでしょうか。

　答えは否です。

　どんなに便利な機能があろうと、どんなにデザインが優れていようと、私にとっては蓄積された数百のレストランデータベースのほうが貴重であり、このデータベースがRetty 2に移行できない以上、私はRettyを使い続けるのです。

　この様に、ユーザーにライフログ機能をつけさせた場合、スイッチングコストは非常に高いものとなります。

　この場合のデータとは、映画であったり、音楽であったり、あるいは病気の症状の記録など、様々に応用が効きます。

　大切なのはそのデータ自体にユーザーが価値を感じているという点と、それが他社サービスへエクスポートできない状態である、という点です。

　溜めたデータにユーザーが価値を感じない場合、簡単に切り捨てられますし、エクスポートできて他社にインポートできるのならば、サービスごと移行されてしまいますからね。

　この方法は王道ですが、様々な場面で活用できるといえます。

3つ目は継続するインセンティブを設計する、という点です。

ユーザーが長期間サイトを利用するほどインセンティブを増やし、逆に解約をしようとするとディスインセンティブを設けるようにすることで、スイッチングコストを上げることができます。

例えば先に挙げた家政婦を探せるマッチングサービス、タスカジの場合、タスカジで長く働いている家政婦は、その評価に応じて設定できる時給の上限が向上します。

しかし、一度サイトをやめてしまうと、設定できる時給の上限は再び初期状態に戻る仕組みになっています。

これにより家政婦にとってタスカジで働き続けるインセンティブが働き、他社へ移動するディスインセンティブが働くのです。

最後にご紹介する施策はとてもシンプルなもので、契約で縛る、というものです。

登録時に、競合他社に登録しない、移籍しない、利用しないなどの罰則付き契約を事前にユーザーと巻いておくことで、ユーザーはスイッチングが非常に難しくなります。

これは競争優位性の項目でも説明しましたが、コンテンツホルダーが希少な場合、とても有効な施策になります。

ただ実行するにあたっては、プラットフォームにそれなりに実効的な力が必要です。

また特定のビジネスや法律環境によっては実行可能かどうか

が変わるので、そういった面々で注意しましょう。

　以上、4つを今回例に挙げて見ましたが、この様な施策などを取り入れることによって、ユーザーのスイッチングコストは飛躍的に上げることができます。

　皆さん、ユーザーは獲得したらそれでおしまいではありません。

　少しでも長くサービスを使ってもらえるように、自社サービスにあった施策を考えていきましょう。

■ ビジネスにおける2つの展開モデル

　ビジネスの世界には、大きく分けて二つの展開モデルが存在します。それが「Winner Takes All（勝者総取り）」モデルと「Competitive Market（競争市場）」モデルです。ここでは、これら二つのビジネスモデルについて詳しく解説していきます。

　まず、Winner Takes Allモデルについてです。このモデルは、その名の通り、「勝者が全てを手に入れる」ビジネスモデルを指します。具体的には、ある市場や業界でほんの一握りの企業が圧倒的な市場シェアを獲得し、その他の企業がほとんど存在感を示せない状況を示しています。

　Winner Takes Allモデルの例ではメルカリなどが挙げられます。

　日本で流行っているフリマアプリはメルカリ以外はほとんど見

つかりません。

　以前は幾つか存在していたのですが、メルカリに淘汰された
からです。

　Winner Takes Allモデルの特徴的な要素として「ネットワー
ク効果」があります。これは、**サービスの価値がそのユーザー数
に依存するという現象**で、多くのユーザーが集まるほど全員に
とってそのサービスの価値が高まるという特性があります。

　例えばメルカリの場合、仮にユーザー数が100人しかいなかっ
たらメルカリに価値はあるでしょうか。

　100人しかいなかったら多くの人は価値を感じず、ユーザー登
録はしないはずです。

　しかし同じシステムを使っていても会員数が1,000万人や5,000
万人いたら、皆さんはメルカリに価値を感じるはずです。

　この様な現象をネットワーク効果と表現します。

　またネットワーク効果が働く場合は、一度多くのユーザーを獲
得するとその後も新たなユーザーが集まりやすくなり、結果とし
て最初に大きなシェアを獲得した企業（ファーストペンギン）が
有利になる傾向があります。

　一方で、Competitive Marketモデルは多くの企業が競争し合い、
市場シェアが比較的均等に分散しているビジネスモデルを指します。

このモデルでは、メディア業界やEC、オンライントラベルエージェント などが代表的な例です。各企業は自社の商品やサービスに特徴や 魅力を持たせることで差別化を図り、市場で生き残っていきます。

Competitive Marketモデルの特徴は、**商品やサービスの切り口 や対象、品揃えなどによって差別化を図ることで生存できること**で す。そのため、このビジネスモデルでは後発企業 (セカンドペンギ ン) でも十分に市場シェアを獲得できる可能性があります。しかし このモデルには反面、参入障壁が低く、新たな競争者が参入しや すいという特徴もあります。そのため、価格競争が激しくなり、結 果的に価格の下落や利益率の低下を招く可能性もあります。

起業家の皆さんは、商品やサービスの特性、ターゲットとなる 顧客のニーズ、市場環境などによって、自社のビジネスモデルを Winner Takes Allモデルにするか、Competitive Marketモデ ルにするかを選択することになります。それぞれのモデルにはメ リットとデメリットがあるため、自社のビジネスがどのモデルに適 しているのか、またその選択が将来的にどのような影響を及ほ すのかを理解することが重要です。

例えば、Winner Takes Allモデルを選択した場合、初期の 投資やマーケティングにより多くのユーザーを獲得し、ネット

ワーク効果を最大限に利用することが求められます。一方、Competitive Marketモデルを選択した場合、競争力を維持するためには、顧客のニーズに応じた差別化やサービスの改善、価格競争への対策などを常に考える必要があります。

　これら二つの展開モデルを理解し、自社のビジネス戦略を慎重に決定することで、競争の激しいビジネス環境でも成功を掴むことが可能になります。

人は人、ビジネスはビジネス

　スタートアップを行う上で、大切なことをお伝えします。
　それは「人は人、ビジネスはビジネス」というものです。

　事業を起こした時、そこには必ず競合が存在します。
　ここで知ってもらいたいのは、その競合とはビジネスで戦ってるだけで個人として戦ってるわけではないということです。
　仮にあなたがビジネスで負けたとしても、相手が正々堂々と挑んで来て負けた以上、個人にフォーカスをあてて攻撃するのは筋違いです。
　一定数の人はこの線引を分けれていません。
　それでは線引きをつけていないとどうなるでしょう。
　私たちスタートアップは、生涯一つの事業しかやらないということはあまりありません。
　大半の人は幾つもの事業を手掛けることになるでしょう。
　そうなった時、もし筋違いから相手を恨み険悪になっていたとしたら、別の事業で再会したら気まずくありませんか?
　また昨日の敵は今日の友。
　時として複数の事業を動かす時もあるでしょう。
　その場合、あちらは敵だけど、こちらでは仲良くやりましょう、というシチュエーションもあるかもしれません。

　ビジネスはビジネス、人は人。

　この辺り、切り分けて冷静に考えていきましょう!

［第5章］

アイデアを検証してビジネスにする

■ ユーザーヒアリングとは

さて、前章では様々なビジネスモデルについて解説しました。

ここまで来ると皆さんの頭の中に薄っすらと事業アイデアが浮かんできたのではないでしょうか。

そうなったタイミングで次にすることはアイデアの検証です。

アイデアの検証を行う上で最もやらなければならないこと、それはユーザーヒアリングになります。

そもそも皆さんはユーザーヒアリングとは何かをご存知ですか?

ユーザーヒアリングとは、あなたが作ろうと考えているサービスの想定ユーザーに対し、サービスのニーズの有無や、課題の深さなどを確認する作業のことを指します。

「こういった課題は抱えていますか?」「このようなサービスは求めていますか?」と、ユーザーになりそうな人に聞いて回る、というイメージです。

ユーザーヒアリングの目的は、**あなたが考えている課題と、実際のユーザーが抱えている課題の間に乖離がないかを確認できること**です。

つまり、今あなたが「ここにはこういう課題がある」と考えているものは、正確にいえば、「ここにはこういう課題があるに違いない」と、あなたが頭の中で仮定しているだけに過ぎま

せん。

　その仮定が正しいかどうか、それを実際のユーザーに確認しましょう、という話です。

　それではもし仮にユーザーヒアリングを行わないで事業を作ってしまったらどうなるでしょう。

　その場合、**せっかく時間とお金をかけて作ったサービスが、ユーザーの求められていた解決策でなかったり、あるいはそもそもそんな課題なんてほとんど存在していなかったり**という形で、無駄になってしまう可能性が出てきてしまいます。

　そのような失敗を防ぐためにもユーザーヒアリングは必要なのです。

　目的と意味を説明した上で、次にユーザーヒアリングの種類を3つほど紹介します。

　一口にユーザーヒアリングと伝えても、実際は目的と段階によって下記の手法を使い分けます。

■ オンラインアンケート

　オンラインアンケートは、インターネットを用いて不特定多数の人間に一斉にアンケートを行い、回答を集める手法です。

　この手法のメリットは**効率的にデータを収集できる**ところに

あります。

デメリットとしては、**ユーザーのセグメントに対して担保がない**ということです。

仮にユーザーが「自分は保育士です」と名乗って回答をしてくれたとしても、その人が本当に保育士かどうかを見極める術はありません。

単純に謝金を目的に回答しているただの人である可能性は拭いきれません。

また、1つの質問に対して、深く掘り下げて何度も聞くという動作にも不向きと言えます。

■ ユーザーインタビュー

ユーザーインタビューは、1人のユーザーに対して、長い時間をかけて対話を通して意見を聞くことです。

メリットは、**回答の意図や背景を深く掘り下げることができる**ことです。

デメリットは、**数を聞くことができない、リソースがそれなりに必要**という点です。

一人ひとりに丁寧に接するのにはそれなりに準備が必要な為、あまり数を揃えることができませんし、運営コストもそれなりにかかってしまいます。

■ フォーカスグループ

フォーカスグループは複数名のユーザーに座談会などを開催してもらいながら意見を拾い上げる方法です。

これにより、**深い洞察や新たなアイデアを得ることが出来る**メリットがあります。

デメリットとしては、**ユーザーインタビュー以上にコストがかかる**という点があります。

数名をまとめて呼ぶのは効率が良いのですが、その分日程調整や場の準備に多大なるコストがかかるでしょう。

さて、それでは実際にユーザーヒアリングの手順を説明しましょう。

まず先にお伝えするのは、多くの起業家が行ってしまう間違えたユーザーヒアリングの方法です。

多くの起業家が犯してしまう間違いとは何か。

それは、初めから身近な少数の人へユーザーインタビューを行ってしまうことです。

皆さんも経験があるかと思いますが、身近な人からちょうどよい課題を見つけた場合、その人1人に対して詳しく課題を聞きすぎてしまう事はありませんか?

そしてその人に聞いた後、また同様の課題を持つ人を見つ

けて（またはその人に紹介してもらい）、長時間ユーザーインタビューを行う。

　これを数名程度繰り返し、解像度を高く仕上げたつもりになった後、サービスの開発に進んでしまう。

　これは残念ながら間違えたユーザーヒアリングの方法だと言えます。

　なぜこの方法が推奨されていないのか。

　それは、この様に身近な数人に詳しく聞いた程度で事業を始めてしまうと、確かにその身近な数人にとっては喜ばれるサービスが出来るかもしれませんが、それが**他の大多数の人にも受けるかどうかが分からない**為です。

　ビジネスは目の前の数人を喜ばせるだけでは成り立ちません。

　もう少し視野を広めにとってみて、その上で課題のニーズ、深度を確かめる必要があります。

　それでは正しいユーザーヒアリングはどのような手順で行うのでしょう。

　ユーザーヒアリングの初期段階において必要なのは、質ではなく数です。

　その為、最初はオンラインアンケートを複数回実施することを強く推奨します。

　最初に全体的に課題感を確認し、ある特定のセグメントの回答に偏りが見られた場合、次にその特定のセグメントに対してオンラインアンケートを実施します。

　そしてまた回答に偏りが見られた場合、その偏りに対してまたオンラインアンケートを行いましょう。

　同時にそのオンラインアンケートの質問も解像度を高く変えていくわけです。

　このような作業を数回行うことで、課題の方向性、解像度が上がってきます。

　この時点になると、ある程度**明確に対象となるセグメントと課題感が浮かび上がってくる**と思います。

　その段階ではじめてその**特定されたセグメントに対してユーザーインタビューを行っていく**のです。

　このようなプロセスをたどることで、初期段階では想像もつかないほど事業アイデアの解像度が高まります。

　これが正しいユーザーヒアリングの手順です。

■ [ユーザーヒアリング実例] **林業スタートアップのニーズ検証実例**

　実例で説明した方が、イメージもつきやすいと思うので、私がメンターとして、ゼロからの立ち上げに密接に関わった林業スタートアップの「フォレストーリー」の事例をお話ししましょう。

株式会社フォレストーリーは、山林所有者から森林を借り、サバイバルゲームのフィールドとして提供するサービス「BE FORESTER」を運営しています。サービス開始後から多くのユーザーの支持を得ただけでなく、ビジネスを通じて林業の課題を解決するという社会性を評価され、数多くのメディアに取り上げられ、様々な表彰も得ました。

　実はこの会社、林野庁主催のビジネスコンテストで出会ってチームを組んだ林業家2人と山好きのエンジニアの3人が、ゼロからビジネスを作り上げ、最優秀賞をとった勢いで立ち上げた会社なのです。

　私はチーム担当のメンターとして最初から支援しました。この事業を立ち上げるまで、累計9回のアンケートやインタビューを行い、670人から生の声を聞いたので、その詳細についてお話ししましょう。

・「荒れ果てていく山を何とかしたい」
　山林は管理しないと荒れてしまい、土砂崩れなどの災害が起きやすくなりますし、環境破壊にもつながります。管理には当然お金がかかりますが、数十年も育てた木がほんの数万円にしかならないなど、日本の林業は事業としては大変厳しいのが実

情。国から補助金は出るものの十分な額ではありません。

　そうして、山主が管理・維持の費用を捻出できず、荒れていく山が増えている惨状を目の当たりにしてきた林業家の2人は、「荒れ果てていく山を何とかしたい」という一心で林野庁のプログラムに参加し、山林から収入を上げて整備に充てるビジネスを考えることにしたのです。

・200人の声から、サバイバルゲームに行き着く

　起業を通じて解決したい課題が明確なのはいいものの、アイデアも全くない状態でした。最初は、山でカラオケするとか映画を上映するといった様々なアイデアが出ましたが、思いつきでビジネスを立ち上げるのは博打でしかなく、時間とお金の浪費に直結します。

　私はまず、「山林で何をしたいか」という質問をオンラインアンケートで広く行うようアドバイスしました。すると、キャンプ、サバイバルゲーム、宝探し、*デジタルデトックス

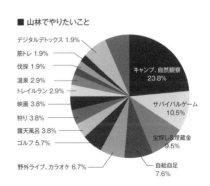

■ 山林でやりたいこと

- デジタルデトックス 1.9%
- 筋トレ 1.9%
- 伐採 1.9%
- 温泉 2.9%
- トレイルラン 2.9%
- 映画 3.8%
- 狩り 3.8%
- 露天風呂 3.8%
- ゴルフ 5.7%
- 野外ライブ、カラオケ 6.7%
- キャンプ、自然観察 23.8%
- サバイバルゲーム 10.5%
- 宝探し＆埋蔵金 9.5%
- 自給自足 7.6%

といった回答が集まりました。

　そこから選択肢を絞り込みます。山林以外でもできるものなら、山林の方が不利になります。その観点で絞りこむと、サバイバルゲームが最も筋がいいのでは、という考えに至りました。サバイバルゲームは山林のような広い場所の方が適しています。リアルな自然は、他にはない非日常感という強みに転じ得ます。またある程度の人数がまとまって参加するというのも魅力的に思えましたし、銃やBB弾など、活動にある程度お金が必要という要素も大切だと感じました。

　そうして的を絞ったら、サバイバルゲーマーにオンラインアンケートやユーザーインタビューを実施して、課題やニーズを深掘りします。

・コミュニティを活用する
　今はSNSで時間や場所に縛られずに人と人とがつながれるので、ちょっとマニアックなものでも、大抵同好の人が集まるコミュニティがあるものです。私たちは、サバイバルゲーマーが集まるオンラインコミュニティを見つけ出し、そこでユーザーの意見を聞くことにしました。

　このとき大事なのは、主催者や参加者にきちんと配慮することです。**コミュニティはあくまで同じ関心を持つ人たちの自主的な活動で、本来はお互いに役に立つ情報交換などの場です。**そこに部外者が自分たちの商売の目的で、唐突にアンケートや売り込みなどをしたら、反発を招きます。いきなりアンケートを投げ込むようなことをしてはいけません。

　まずはコミュニティの運営者に対して、思いや背景を丁寧に説明して了解を得ました。

　「私たちは林業の従事者で、荒れ果てていく山林の問題を解決したいとの思いで、林野庁のアクセラレーションプログラムに参加して、新しいサービスを作ろうとしています。調査を進めると、サバイバルゲームが解決策になる可能性が見えてきました。その可能性を裏付けるため、多くの愛好者が集まるこのコミュニティで、アンケートを案内させてもらえないでしょうか。サービスが立ち上がれば、ここのメンバーの皆さんにも楽しんでいただけるのではと考えております。」

　そうして了解を得て、実際にアンケートをお願いしてみると、思っていた以上に好意的で、多くの人に回答してもらえました。どうも、サバイバルゲーマーの人々は、サバイバルゲームが世の中

からあまりいい印象を持たれていないという負い目を感じていたようで、サバイバルゲームを社会に役立つものにするなら喜んで協力したい、ということだったようです。

・深掘りインタビューと更なるアンケートで、ニーズを具体的に検証

　ヒアリングを重ねると、野外でのサバイバルゲームに強く反応するのは、都心部に住む20〜30代の独身男性であることが見えてきました。掘り下げて聞いてみると、いつも同じ人工物でできているフィールドでやるとマンネリ化するといった不満が出てきました。

　それに対して、夜戦はどうか、ゲーム後に温泉に入るのはどうかなど、色々なアイデアを投げかけて反応を見ます。夜戦は落とし物や怪我が怖いという懸念があれば、対策も考えます。

　そうしてターゲットやアイデアが絞れてきたら、温泉がセットのツアーなら行きたいか、何回行くかとか、1回あたりの参加人数や、予算感など、サービスの具体化に必要なことを聞いていきます。そうして、何が、いくらなら、どれくらいの人が買ってくれそうかの感触を得ます。他にも、夜戦や温泉ツアーの需要、山主側のニーズなども聞いていきました。

　結果、累計のアンケート実施は9回、回答人数は670人となりました。それくらい徹底的に検証を重ねることでニーズを確信した上で、サービスを具体化することができるのです。

・声をもとに、プロダクトを組み立てる
　こうしてできたサービスが、本物の森林という圧倒的に非日常な空間をサバイバルゲームのフィールドとして提供する事業「BE FORESTER」です。

　怪我が怖いという声が多かったので、保険を完備しました。2時間以内なら通えるとの声に基づき、場所は、都内から2時間ちょっとで帰れる栃木県の壬生町にしました。自然に還るBB弾を使って森を汚さないとか、当たっても痛くないように光線銃を使うとか、インタビューを通して出てきた様々な懸念は全て解消してあります。

　副次的な効果もありました。インタビューに協力してくれた人々がこのサービスに興味を持ってくれて、最初からファンがいる状態で事業をスタートできたのです。

　こうして、立ち上げ1年間で1,000人近くの人にご利用頂き、メディアに何度も取り上げてもらいました。林野庁の指定事業に

認定され、農林水産省から特別賞をもらい、長野県、群馬県でも表彰され、栃木県のプログラムでは最優秀賞をいただくなど、公的にも事業内容を評価頂きました。

起業経験のない、出会ったばかりの3人が、たったの2ヶ月間で作ったサービスですが、**ユーザーインタビューを重ね、ユーザーが何を求めているのか、どういう解決策が欲しいのか、どれくらいの金額なら使ってくれそうか、利用に当たってどういう懸念があるか**、徹底的に調べて事業の解像度を上げた結果、ターゲットに刺さり、社会的にも評価されるサービスができたのです。

今知識や経験がないからといって怖気づく必要はありません。適切な方法でやれば必ず道は開けます。

■ オンラインアンケートはクラウドソーシングサービスを活用する

さて、フォレストーリーの例え話をしたところで、ユーザーヒアリングに対する解像度が上がってきたのではないでしょうか。

それでは今回は、実際の作業の中で、どうやって大多数の人間にオンラインアンケートを行うのか、一般的に使える良い方法をお伝えします。

フォレストーリーの皆さんはサバイバルゲーマーの集まるコミュニティに入ってオンラインアンケートを行いましたが、課題の

解像度が高まっていない初期の段階で行う最良の方法は、クラウドソーシングサービスのタスク機能を用いることです。

　皆さんはクラウドソーシングサービスと呼ばれるものをご存知ですか?

　クラウドソーシングサービスは、インターネットを通じて企業や個人が様々な仕事を外部の専門家に依頼するオンラインプラットフォームです。

　日本で有名なクラウドソーシングサービスには、クラウドワークスやランサーズがあります。

　そしてクラウドワークスにはタスクと呼ばれる機能があります。

　この機能を使うと一度に100人や1,000人にまとめて仕事を発注することができるようになります。

　つまり「皆さん、この数問のアンケートにご回答お願いします」というタスクを大多数の人にまとめて発注することで、オンラインアンケートを行うわけです。

　これをすることで、短期間で膨大な数の回答を手に入れることができるでしょう。

　タスク機能の素晴らしさは、その圧倒的な時間短縮と規模感、そしてコスト面にあります。

　例えば当たり障りのない質問を5個を100人に行いたい場合、

実施から1時間もしないうちに100個の回答が集まるでしょう。

　そしてそれにかかる費用は全て合わせても3,000円も必要ありません。

　100人へのアンケートを、質問を変えて3セット行うとしても、解析時間を入れてもわずか5〜6時間ほど、1万円もかけずに行うことができるというわけです。

　このパフォーマンスは驚異的ともいえます。

　クラウドソーシングサービスのタスク機能を用いることで、オンラインアンケートは大いに捗ることは間違いありません。

　非常にオススメの方法ですので、皆さんぜひ使ってみてください。

　そうそう、オンラインアンケートを行うには質問の設定などに幾つかのポイントがあります。

　下記に箇条書きで記載しておきますので、ぜひ参考にしてみてください。

○ 分かりやすい質問を作成する

○ 必須項目と任意項目を明確にする

○ 回答形式をバラエティ豊かにする

○ 質問の順序やグルーピングに注意する

○ アンケートの長さに注意する

○ プライバシーに配慮する。

○ 事前にフィードバックを受ける

○ 目的に応じた質問タイプを設定する

○ 進行状況を表示する

○ アンケートの目的と背景を説明する

○ 途中中断・再開を可能な設定にする

○ 回答後のフォローアップをする

■ ユーザーヒアリングの注意事項

　それでは次に、ユーザーヒアリングを行う際の注意事項についてお話ししましょう。

　まず大切なのは、「解決策までユーザーに委ねてはいけない」という点です。

　これはどういうことかというと、ユーザーは自分が抱えている課題については理解しているものの、それに対する解決策に関しては、自分の想像の範囲内でしか考えられません。そのため、ユーザーに解決策を聞いても、無難な回答しか得られないことが多いのです。ユーザーに聞くべきことは、感じている課題のみです。

　そして我々がやるべきことは、ユーザーの抱える課題の本質を見極め、革新的な解決策を創出することです。

ここで、ユーザーに解決策を委ねてはいけない事例を1つ紹介します。

　古典的な例ですが、ヘンリー・フォードの車と馬の話です。交通手段が馬車だった時代に、当時のユーザーに「何か欲しいものはありますか?」と聞くと、「もっと速い馬が欲しい」と答えるでしょうが、「車が欲しい」とは言わないでしょう。これは、ユーザーにとって目の前にある馬が想像できる範囲内のものだからです。

　この「速い馬が欲しい」という回答に対して、我々はどのように対応すべきでしょうか。まず、**「なぜ彼らは速い馬が欲しいのか」**という疑問を持ち、課題の本質を突き詰めます。すると、**「彼らが問題にしているのは移動にかかる時間だ。これを短縮できる解決策があれば、速い馬でなくても良いのでは」**と考えることができます。そして、最新の技術を使って、もっと速い移動手段、つまり車を開発することができるのです。

　このように、ユーザーヒアリングでは解決策をユーザーに委ねてはいけません。ユーザー自身が気づいていない課題の本質を見つけ出すことが大切です。そして、その課題に対して独創的で効

果的な解決策を提供することが、我々起業家の役割なのです。

ユーザーヒアリングをうまく活用し、ユーザーにとって本当に価値ある商品やサービスを提供することで、成功への道を切り開いていきましょう。

■ ユーザーヒアリング分析のコツ

それではユーザーヒアリングに関する最後の説明として、分析方法のコツをお伝えしておきます。

ユーザーヒアリングを正しい手順で行っていただけることを信じていますが、最後の分析の段階で、せっかく集まったユーザーの声を適切に分析しなければ、効果が出ません。

ユーザーヒアリングの分析方法の注意点は、「真に対象となるユーザーの声だけを重視する」というものです。例えば、オンラインアンケートで300人ほどの意見を集めたとしましょう。その際に、あなたが提示した課題に対して、課題をどれだけ強く感じているか0～10の数字で回答してもらったとします。

10をつけた人、つまり課題を非常に強く感じているという人は、サービスをリリースしたらおそらく利用してくれる可能性が高いはずです。しかし、0や5と回答した人は、その課題に対して

あまり影響を感じていないため、ユーザーにはなり得ません。

　問題なのは6,7,8をつけた人です。 日本人はこのようなアンケートの際、無難な点をつける傾向があります。そのため、オンラインアンケートでは6,7,8の比率が多くなる傾向があります。しかし、7や8程度にしか困っていないユーザーは、お金を払ってくれるユーザーにはなりにくいでしょう。

　重要なことは、7や8のユーザーの意見に偏りすぎてサービスを開発してしまうと、本当に使ってくれたであろう9や10の人にとっては使い勝手の悪いサービスになってしまうことです。これは、7や8の人と9や10の人の属性や要求する機能やデザインが大きく異なるためです。その結果、**誰も望んでいないサービスが出来上がってしまうことがあります。**

　例えば先程の林業スタートアップ・フォレストーリーの例でいうと、山林でサバイバルゲームを行いたいと強く希望した人たちは、都市部に住む若い世代の独身の方達でした。

　そして、そこそこに希望した人たちというのは、地方に住むある程度年齢層の高いファミリーを持つ方が多いということがハッキリしていました。

　都市部に住む若い独身の人と、地方に住むファミリー層では、

求める場所や機能などが全く違ってきます。

　フォレストーリーの人たちは正しく分析した結果、本当に強く求めている層にだけフォーカスした設計にしました。

　そのため、ユーザーに支持されるサービスになったわけです。

　皆さん、ユーザーヒアリングは分析までしっかり行ってはじめて効果がでます。

　この最後の詰めを間違えてしまうと、本来ならば右に進まないといけないところを真逆の方向に進んでしまう、なんてこともありえます。

　是非是非気をつけて行ってくださいね！

■ MVPとは何か？

　皆さんのアイデアはユーザーヒアリングを経て、解像度が高まったことでしょう。次に取り組むのは、実際に動くサイトを開発し市場の反応を確かめることです。ただし、開発に着手する前に知っておくべき重要な概念があります。それは、MVP（Minimum Viable Product）です。

　MVPとは、ユーザーに価値を提供できる最低限のプロダクトを指します。多くの起業家が陥る過ちとして、サービス開発時に最初から多機能なサイトをリリースしてしまうことがあります。し

かし、これは大きなリスクです。なぜなら、サービスがリリースされた時点では、ユーザーが価値を感じるかどうか分からないからです。開発にお金と時間を注いだ結果、ユーザーが必要としていなかった場合、それらは無駄になってしまいます。

そこで、MVPという概念が重要になります。スタートアップの起業家がサービスをリリースする際は、**最低限の機能だけで試せるプロダクトを市場に投入し、ユーザーの反応を確認してニーズが判明したら、ユーザーの声を聞きながら機能を拡充していく**のです。

MVPを作る際に重要なのは、開発にお金と時間を最小限に抑えることです。サイト開発を一から行う必要はなく、既存のプラットフォームを利用することができます。重要なのは、ユーザーに対してニーズの有無を確認することが目的であるため、それが達成できれば手段は問いません。

ただし、MVPとは必要最低限の機能を備えるものでありますが、ユーザーには一連の行動を最後まで行わせる必要があります。例えば、コミュニティビジネスを行いたい場合、会員登録機能だけを持つサイトではMVPとは言えません。会員登録だけでは、交流のニーズがあるかどうかは分かりません。そのため、コ

ミュニティビジネスのMVPは、会員登録ができ、交流できるシステムを備え、ダイレクトメッセージやフォロー・フォロワー機能程度を持つものです。このようなプロダクトであれば、実際に交流することができ、ニーズの有無が確認できます。

　ただし、ユーザーのためと思って、カレンダー機能やセカンダリーマーケット機能などを追加するのはMVPではありません。実際にユーザーがそれらの機能を求めているかどうかは分からないからです。

　MVPを用いることで、リスクを最小限に抑えながら、ユーザーに適応できるサイト作りが可能になります。皆さん、MVPという概念を忘れずに活用してください。これにより、効果的なサービス開発が実現できるでしょう。

■ ノーコード・ローコードのすゝめ

　皆さんはノーコード・ローコードという言葉をご存知でしょうか？ノーコード・ローコードは、エンジニアリングの知識をほとんど必要とせず、サービスを構築できる手法のことです。これにより、高機能なサービスを学習コストをほとんどかけずに手軽に作成することができます。

かつての起業家たちの悩みは、「エンジニアがいない」という
ものでした。しかし、現在ではノーコード・ローコードを使って、
起業家自身が手軽にサイトを開発できるようになりました。

　ノーコード・ローコードを利用してサイトを構築することで、人
件費が削減できるだけでなく、いつでも気軽に改修ができると
いうメリットがあります。

　皆さんも是非ノーコード・ローコードを学び、サイト開発に取り
組んでみてください。さらに、最近ではGenerative AIといったも
のもありますので、これらの技術を活用してより効率的に開発を
進めることがおすすめです。

[column]

Stay hungry の大切さ

今回は「ハングリー精神の大切さ」について、一つの例を取り上げながら説明したいと思います。

先日、とあるオンライン記事を読みました。

プロ野球選手が「どうしてあなたみたいな人が現役でいるのか分からない。引退してください」というハガキをファンから貰ったそうです。

その人は一度注目され、力が衰えた時にそのハガキを貰い、そこからまた奮闘しもう一旗上げて、有終の美を飾って引退しましたが、引退する最後の最後までそのハガキは大切に飾っていた、という話だったと記憶しています。

この話、非常に共感できるし、何より大切なことなのかなと思います。

どういうことかというと、こんなハガキを貰って「もうダメだ。やめよう」と思う程度の精神ではそもそも起業家としては無理で、むしろ「こんな事言われてるようじゃ駄目だ!頑張らなきゃ!」と思うその精神が重要ということです。

「Stay hungry」

常に貪欲でハングリー精神が無ければ起業家なんて出来ません。

お金持ちで余裕綽々の人が片手間にやって成功できるほど簡単な世界ではないんです。

「子供の頃貧乏だった」

「不幸があった」

「人生逆転したい」

「なんとか成り上がってやる」

「世界を変えたい」

「理不尽をなおしたい」

そういう思いを常に常に忘れずにいたら、いつかは成功するでしょう。

皆さん、是非ハングリー精神を忘れずに生きていきましょう。

［第6章］
市場規模の重要性と計算方法

さて、この章では市場規模という概念についてご説明していきます。

　事業を考える上で自身の業界の市場規模を調べるというのは非常に大切なので、是非今回で概念について学んでみましょう。

　まずそもそも市場規模とはなんでしょうか。

　市場規模とは、その業界全体の年間売上高を意味する概念です。

　そして我々の業界では市場規模を、TAM、SAM、SOMという3つの指標で表すことが一般的だとされています。

■ 市場規模を見極めるための3つの指標

　この様な図をどこかで見たことはありませんか?

　これが市場規模を表すベーシックな図の1つです。

　図に、TAM,SAM,SOMという3つの概念が記されているのがわかりますね。

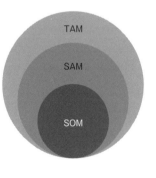

　一番大きな市場規模、こちらを我々はTAMと呼んでいます。

TAMはTotal Addressable Marketの略で、事業が提供できるサービスに対する市場全体の需要のことです。

分かりやすく言うと、おそらく皆さんはこれから事業を行う、あるいは既にされてらっしゃるのだと思いますが、今行う（行おうとしている）事業って、将来的にもう少し色々広げたいと考えていらっしゃいませんか？

例えば将来的には顧客の層を広げたいとか、エリアを広げたいとか、色々思っているはずです。

TAMというのは、**将来こうしたいという部分までを全部広げた際の全体の市場規模を指す数値**です。

それではSAMは何かというと、Serviceable Available Marketの略で、事業が実際に提供できる市場規模を指します。

現在の事業展開上での業界全体の売上高、分かりやすく言い換えると**現在の事業で業界シェア100％となった際の売上**とイメージしていただければその通りです。

TAMは将来横展開した部分を含めた際の市場規模、SAMは現在の事業での最大市場規模です。

では最後のSOMは何を指すでしょう。

SOMはServiceable Obtainable Marketの略で、特定の期間に事業が実際に獲得できるであろう市場規模を指します。

特定の機関とは、通常は3〜5年後をイメージしておけば十分です。

つまり、3〜5年後の予想売上がSOMです。

これは**競争状況や現在の事業戦略を反映した指標**です。

以上が、市場規模、TAM,SAM,SOMの簡単な説明になります。

■ 市場規模のおすすめ計算方法

市場規模の測り方は何パターンか存在します。

個人的にオススメなのは、「ユーザー数」＊「単価」をベースにしてボトムアップで計算していくやり方です。

トップダウンで切り出すのではなく、**ボトムアップで積み上げることで正確に情報を得ることができます。**

ただ注意として、市場の捉え方自体は起業家の数だけ存在します。

つまりTAMにしてみたら、将来どの様に展開するかは起業家の数だけ考え方はありますし、その数だけ切り出し方が変わってくるのです。

なので市場規模における正解は1つではないということを基本的にご理解ください。

■ 市場規模計算におけるNG行為

最後に、市場規模を計算する際に行ってはいけないNG行為

を幾つか紹介しておきます。

1つ目は、ノイズだらけのトップダウンの数字を記載すること
です。

世の中には各業界の市場規模を計測している組織があり
ます。

有名なところで矢野経済研究所ですね。

起業家の中には、矢野経済研究所が算出した市場規模の数
値をそのまま資料に記載している方がいますが、これは基本的
に行ってはいけません。

なぜならこの数字の中には自身の事業に関係のない部分、ノ
イズ混じりの数字だからです。

その様な解像度が低い数字を出してしまうと、自身も事業の
市場規模に対して間違えた認識をしてしまいます。

決して行わないようにしましょう。

2つ目は、SAMとSOMを適当なトップダウンで計算している。

1点目に続いて多いのが、SAMやSOMを適当な割合で算出し
てしまう行為です。

これも多数の起業家に見られます。

例えばTAMを1,000億だとした場合、5%ぐらいが事業に当て
はまるからSAMは50億にしよう。

そのうち30%はシェア取れるからSOMは15億だ、という感じ

です。

　この様な何の根拠もない数字を出しても、資料を見た投資家や審査員は何一つ評価するポイントが見つけられないでしょう。

　こちらも同様に推奨しない行為です。

　3つ目にお話しすることは、数字を盛って表現していることです。

　起業家、あるいは支援者の中には、市場規模にはそれなりのインパクトが必要と考えている方が一部いるようです。

　そういった方々にアドバイスを貰うと「市場規模の数字がインパクトに欠けるからもう少し盛った方が良いよ」と言われることがあるみたいです。

　しかし、実際の市場規模とは違う数字を提示する様な行いは、決して誠実な行為とは言えません。

　ナンセンス極まりない行為だと考えます。

　もしその様なアドバイスを貰ったとしても、決して従うことはしないでください。

[column]
選択と集中の必要性

　皆さん御存知の通りスタートアップにはありとあらゆるものが足りていません。
お金、人材、ネットワーク、などなど。
　それを補うべくして僕らは持てる限りの知恵を振り絞って解決していくわけです。
足りない分は頭と足で補うというシンプルな図式です。

　さて、そんなスタートアップですが、共通する失敗あるあるの事例が幾つかあ
ります。
　そのうちの一つが「手広く展開しすぎ問題」です。
　スタートアップは冒頭に書いたとおり何もかもが足りていません。
　しかし熱意だけはあります。
　それ故に最初の勢いに乗じて一気にキャパシティ以上に手広く展開しすぎ
て、結果事情がうまくいかなくなってしまう、というケースが頻繁にあるのです。

「選択と集中の大切さ」

　足りないものだらけのスタートアップにこそ大切な概念です。
　皆さんも熱意に乗って一気に手広く展開するのではなく、そういう時こそリ
ソースを集中させていきましょう。

［第7章］
スタートアップの
プレゼン資料作成とポイント

■ 前置き

この章では、プレゼン資料の作り方を解説します。起業初心者は間違いがちなので、注意して読んでください。ただし、今回はピッチ大会やビジネスコンテスト向けの資料作成を想定しています。資金調達のためにベンチャーキャピタルや銀行に提出する際は、収支計画書や財務状況が分かる資料が別途必要ですのでご注意ください。

■ 事業プレゼンについて知っておいてほしいこと

プレゼン資料の作り方を説明する前に、皆さんにプレゼンについて知っておいてほしいことがいくつかあります。

まず、プレゼンの場は自分の事業を説明するための機会であることを忘れずに。同時に、プレゼン資料はあなたの私小説ではありません。

審査員を務めた経験から言うと、「この人はプレゼンを自分のストーリーを語る場だと思っている」と感じることがあります。

大切なのは事業の説明です。

確かに、あなたがどういう思いで事業を立ち上げたのかに興味はありますが、あなたの生い立ちを最初から現代まで語る必要はありません。

　もう一つ、**結論を先に持ってきてください。**

　あなたがどのような生い立ちで、どのような経験を経て、何を思って、どういう事業にたどり着いたのかをゼロから説明するのではなく、私たちはあなたがどのような事業をやるのかに興味があるのです。

　なので、どういうサービスを行い、どういう課題を解決したいのかを冒頭に持ってきてください。

　スタートアップのプレゼンには一定の型、お作法のようなものが存在します。それをこれから説明しますので、ぜひ学んでいただければと思います。

■ 企画書の書き方と構成

　本書を執筆するにあたり、企画書の構成を1つ考案しました。それがこちらです。

1. 概要
2. 解決したい課題
3. サービス説明
4. 市場規模
5. 対象ユーザー
6. マネタイズポイント
7. 競合 / 差別化

8. マイルストーン

9. その他

10. 運営チーム紹介

　ただ、この構成が常に最適解とは限りません。運営チーム紹介を冒頭に持ってくることが望ましいと感じる人もいるでしょう。大切なのは、状況に応じてフレキシブルに組み替えることです。

　ただし、スタートアップのプレゼンにはお作法や型が存在します。それが1, 2, 3の順番です。スライドの構成を変えても、基本的にピッチ資料の冒頭にはサービス概要を配置します（例外としてチーム紹介を前に持ってくる場合があります）。次に、そのサービスが解決する課題を記載し、最後に解決策を示します。スタートアップのプレゼンにおいて、この型を絶対に崩さないようにしてください。

　審査員目線でこの型から外れたプレゼンを聞くと、ストレスを感じることがあります。「これは何のサービスか」「どういった課題を解決したいのか」「どういう解決策なのか」といった疑問を抱えながら聞かなければならないためです。皆さんもそのストレスを理解できるでしょう。

　まずは、今説明した型から外れないようにピッチ資料を組み立ててみてください。

■ 企画書構成解説

　ここからは先程挙げた構成の一つひとつにフォーカスを当て
て解説していきたいと思います。

1.概要

　最初に提示するスライドは、サービスの概要です。そのサー
ビスが何であるかを明記してください。ただし、このスライドは
できるだけシンプルに、**一言で事業を説明できる**ようにしましょ
う。長々と説明するのではなく、審査員にサービスのイメージを
印象付けることが大切です。シンプルで分かりやすい表現を心
掛けましょう。

2.解決したい課題

　概要の次に提示すべきスライドは、解決したい課題です。あ
なたのサービスが誰のためにどのような課題を解決するのか、
その**背景も含めて詳しく書いてください**。インパクトを持たせる
ために、画像なども交えて表現すると良いでしょう。

3.サービス説明

　概要と課題の後に、サービス説明、つまり解決策を書きます。
先に挙げた課題に対して、どのように解決していくのかを丁寧に
説明しましょう。

4.市場規模

　ここから先は、順序を臨機応変に変えても構いません。市場規模は、そのビジネスがどれだけの市場を持っているかを示す重要なスライドです。初期の資金調達で最も重要と言っても過言ではありません。業界ではTAM, SAM, SOMという概念を用いて市場規模を表現します。ここでも丁寧に計算して数字を算出しましょう。

5.対象ユーザー

　このスライドでは、サービスの対象ユーザーを示します。対象ユーザーのイメージはできるだけ明確にしましょう。範囲を広く取りすぎるとぼやけてしまいます。**必要に応じて*ペルソナ設定を行うことで、聞き手にとってイメージしやすくなります。**

6.マネタイズポイント

　このスライドでは、サービスでどのように収益を上げるかを示します。お金の流れが分かるようなフローを入れると良いでしょう。こちらも重要なスライドなので、しっかりと検討しましょう。実際に資料を作成する際には、**細部まで計算してみる**ことをお勧めします。そうすることで、事業の実現可能性や継続性が見えてきます。

　＊典型的な顧客像

7.競合/差別化

　競合他社サービスとの差別化を示すスライドです。ポジショニングマップなどを用いることが一般的です。このスライドで注意すべき点は、競合の存在が必須であることです。審査員に「私のサービスは新しいので競合はいません」と断言するのは避けましょう。競合がいないということは、「市場がそもそもない」または「競合がいるのに分析が不足している」と受け取られかねません。どちらにせよ好印象を与えることは難しいでしょう。大切なのは、**競合分析をどれだけ行っているかを示す**ことです。この点に誤解のないようにしましょう。

8.マイルストーン

　このスライドでは、事業の将来構想について書きます。現状と今後の展開を示し、審査員に将来の道筋を示しましょう。

9.その他

　このスライドでは、これまでに書ききれなかった部分を記載します。例えば、予想される質疑応答などを補足的に書いておくと良いでしょう。

10.運営チーム紹介

　このスライドも非常に重要です。あなたが誰であり、なぜこ

のサービスを展開するのかといった情報は、審査員も知りたいと思うでしょう。学歴や職歴などを交えつつ、自己紹介を行いましょう。

■ スタートアップ企画書の実例

それでは、実際に使われたことのある企画書を例に出して解説していきましょう。

今回例に用いるサービスは、先程説明した林業スタートアップ・フォレストーリーのスライドです。本スライドは実際に様々なピッチの際に用いられたものを掲載しております。もちろん分かりやすく解説するため、ボリュームは随分減らしたものになっていますが、とても参考になるかと思います。

これは表紙ですね。「株式会社フォレストーリーのプレゼンを

始めます」と一声かけて始まります。

　冒頭最初のスライドで持ってくるのは概要です。

　このスライドでは「伐採予定地で行うサバイバルゲーム事業」とシンプルに書かれているので、審査員や投資家は、これから話すサービスの概要が頭にスッと入ってきます。

　これが、とても長い文章で書かれると頭に残るのに時間が必要になります。

　極めてシンプルに書きましょう。

　次のスライドに持ってくるのは課題です。

　あなたの事業は何を解決するための事業なのかを真っ先に持ってきてください。

このスライドは2枚で構成されています。

　1枚目は土砂崩れだけの写真を掲載し、目を引く形にしています。

　そして2枚目で課題の詳細をキッチリ書いているのです。

次のスライドでは、課題に対する解決策を明記します。

先程の課題に対し、どの様なスキームで、どの様な流れで解決していくのか。それを分かりやすく記載しましょう。

次には便宜上市場規模を持ってきました。

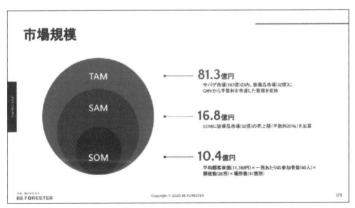

TAM,SAM,SOMについて分けて記載し、それぞれの計算式を添えることで説得力が増しています。

　対象ユーザーです。

　ここは必要に応じてペルソナを用意すると審査員の頭にイ

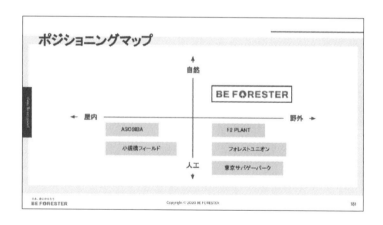

メージが湧きやすくなります。

　競合との比較はポジショニングマップを用いましょう。
　自分たちがどの様な立ち位置なのかがより分かりやすくなります。

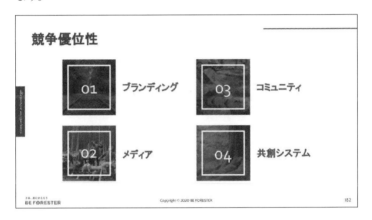

　そして競争優位性ですね。
　しっかりと模倣困難性の高いものを選びましょう。
　今回挙げている4つはいずれも簡単には獲得できないものばかりになっています。

マイルストーンは現在の時点、そして今後の動きを伝えるものです。

　自分たちがどの様な構想を考えているのか、そして今はどこに位置しているのかを伝えましょう。

　最後はチーム紹介です。なぜ自分達がこの事業を取り組むの

か、取り組むことができるのか、それを説明できると好ましいですね。

　以上が簡単ながら実際のスライドを使った流れの説明になります。

　この様なスライドを作成し、様々な機会に挑みましょう。

[column]

恥をかくことの大切さ

　知識を身につける上で「アウトプット」は欠かせません。

　インプットだけだと決して知識は身につくことはないでしょう。

　インプットとアウトプット、この2つを適切に行うことで初めて自分の中に知識を取り込むことが出来るのです。

　今回話すのはこのアウトプットに関連する内容で、恥をかくことの大切さ、についてになります。

　皆さん、恥なんて出来ればかきたくないものですよね

　誰だって好き好んでそんなシチュエーションにはなりたくないでしょう。でもこの恥をかくというのは知識を獲得するのに非常に良い方法だと個人的に考えています。

　どのようなことか。

　例えば何かの知識を手に入れたとします。

　普通の人ならば完全に理解したと思うまではアウトプットはしないでしょうし、まあ大半の人はアウトプットすらせず次第にインプットしたことを忘れていきます。

　でも僕の場合は、知識を手に入れたら積極的にアウトプットしていくようにします、知らない人に、さも前から知っていたかのようにドヤ顔で説明するのです。そうするとどうなるか。

　そのドヤ顔された人は僕に結構色々突っ込んだ質問をしてきます。

　幾つかの質問に僕は答えられますが、所詮は付け焼き刃の知識故にすぐにボロが出ます。

　そうすると「なんだよ、池森さん、知ったような口ぶりだけど全然知らないじゃないですか」と言われることになり僕は赤っ恥をかくのです。

　そしてここからが重要なんですが、赤っ恥をかいた僕は、家に帰るとすぐに正しい答えを調べます。

　なぜならもう恥をかきたくないからです。

　で、考えても分からなかった答えを手に入れた時、初めて腑に落ちて理解することが出来るんです。

　「あぁ、なるほど、こういうことだったのか」と。

　話はここで終わりではありません。

　新たな知識を身に着けた僕は、またしても今度は知らない人に同じ知識をドヤ顔で語ります。

　そうすると今度はその質問をされても、「そんなの簡単ですよ?」と言わんばかりに回答するのです。

　しかしここでまた厄介なことに、相手はさらに突っ込んで質問をしてきて、また答えることが出来ず恥をかき……というループが続き、僕は恥をかきながらも知識を身に着けていくことが出来るのです。

　人間、自分ごとになったら必死で学びます。

　海外に放り出されたら自然と英語を身につけるのと同じ理論です。

　それこそこうやって覚えた知識は苦い経験と紐付いて記憶されるのでなかなか忘れません。

　このように、他人に知識を披露するという行為は、決してGiveの意味だけではありません。

　知識の定着化という自分にもBenefitのある行為です。

　そういう意味でも、積極的に人に対して知識を披露していきましょう!

［第8章］

自治体の創業支援のすゝめ

■ 自治体の創業支援サービスを活用しよう

さて、最後の章になりました。

ここまで来られたということは、アイデアを固め、企画書を一通り揃えた、という感じでしょうか。

それではこのタイミングでオススメしたい事があります。

それは「自治体の創業支援をフル活用しよう」ということです。

今や、自治体などの創業支援の活動は大変手厚く、無料で様々なサービスが受けられます。

起業経験者や、弁護士・会計士のような専門家に無料で相談もできますし、起業に必要な様々な知識を学べるセミナーも受けられます。

場合によっては私のようなアドバイザーをつけてくれるサービスもあります。

もちろん、過度な期待をしてはいけません。あくまで、会社や事業の本当に最初の、誰にでも共通する基本的なところまでです。事業を立ち上げて軌道に乗るまでを、手取り足取り教えてくれるわけではありません。それでも、何も分からないところから一人で手探りで進めるよりは、ずっとありがたいものです。

■ 自治体の様々な支援サービス

では、自治体の創業支援サービスでは、具体的にどのよう

な支援が受けられるのでしょうか。まずは、東京都が運営する
「TOKYO創業ステーション」を例に、具体的な内容を説明して
みましょう。

　ホームページを見ると、大きく以下のサービスが受けられるこ
とが分かります。

https://startup-station.jp/m1/

1.起業相談
2.セミナー等
3.ネットワーク
4.コワーキングスペース

　それぞれについて見ていきましょう。

1.起業相談
　こちらは、デザイン、Web制作、ECなどの様々なスキルや、法
律、会計、融資、補助金・助成金、エクイティファイナンスといっ
た各分野の専門家が、無料で相談に乗ってくれるというサービ
スです。もし自分の困りごとが、どの分野の専門家に聞けばいい
か分からないという場合でも、コンシュルジュに相談すれば、悩
みを解きほぐし、適切な人に割り振ってくれます。

相談は1回45分程度ですが、起業準備の進捗に合わせて何度でも利用でき、一切費用はかかりません。自分一人ではなかなか思った通りに計画を進められないという人なら、自分のお尻を叩くペースメーカーとして活用するのもいいでしょう。

政策金融公庫や信用組合のような、**創業融資の出張窓口もあり**、資金調達も支援してくれます。

2.セミナー等

レギュラーの相談員の専門以外の様々なテーマに関するセミナーを聞くことができます。単なるインプットだけでなく、全何回でビジネスプランを作り上げるまでやるような、**アウトプット型のワークショップもあり**、こういう仕組みでプランの具体化を進めるのもいいでしょう。多くのものは無料か、内容に対して非常に割安で提供されています。

3.ネットワーク

また、交流会やマッチング会のようなネットワーキングの機会もあります。

自分と同じ、起業家や起業に興味のある人同士が、同じ悩み

を他の人はどう解決しているのか、いい専門家は誰か、といった課題解決のための情報交換もできます。スタートアップで働くことに興味のある人と接点を持ち、創業メンバーなどを見つけるチャンスもあるかもしれません。

地元企業や大企業など、提携先、仕入れ先や顧客候補とのマッチングの機会もあります。メディア等ともつながり、PRの機会を得られることもあります。

4.コワーキングスペース

　メンバー登録すれば、1日4時間まで使えます。電源もWi-Fiもあり、打ち合わせもできます。また、1500冊以上の書籍もあり、起業に必要な知識をここで仕入れることもできます。

5.その他

　他には、例えば多摩の創業支援施設なら、都が運営する場所で、ポップアップ・ストアを設け、自分が作った製品を試験販売できるなど、地域によって多様な支援が提供されていますので、ぜひ自分がアクセスできる県や市区町村の支援内容を調べてみましょう。

■ 主要都市の創業支援施設

　東京以外の各地にも創業支援施設は多数あります。東京以

外の主要都市では、以下のような施設が様々なサービスを提供しています。

横浜市：YOXO（よくぞ）　BOX

　横浜市が、新しい交流を生み出すためのサンドボックス（砂場=実験場）として2019年1月にオープンしたスタートアップ成長支援拠点で、以下を提供しています。

・YOXOアクセラレータープログラム

・ビジネス講座「YOXOイノベーションスクール」

・専門家による個別相談

・交流・ビジネスイベント

▶https://socialport-y.city.yokohama.lg.jp/yoxo/

大阪市：OSAKA INNOVATION HUB（OIH）

　2013年に大阪市が設置した、世界に挑戦する起業家や技術者が集まるイノベーション創出拠点で、スタートアップ向けには以下を提供しております。

・OIHメンバーズ

・スターターズピッチ

・スタートアップイニシャルプログラム大阪「SIO」

・オンライン無料法律相談

・OIH 大学発スタートアップ創出プロジェクト

▶https://www.innovation-osaka.jp/ja/

名古屋市：STATION Ai

2024年10月に名古屋市に開業予定

■ アクセラレーションプログラムとは

行政や地方自治体が行っている事業の一環として、アクセラレーションプログラムという素晴らしいプログラムがあることを知っていますか?

アクセラレーションプログラムとは、短期間で事業を立ち上げ、成長させるためのプログラムです。

メンターがマンツーマンでついていく完全無料の[*1]**ハンズオン支援が提供されています。**

起業初心者の方には是非このプログラムを利用することをオススメします。

このプログラムの対象は、[*2]**シード・アーリー**フェーズのスタートアップ企業です。

*1 専門家による経営アドバイスの提供
*2 成長段階の区分。シード・アーリー・ミドル・レイターとある

ある程度事業が回っていないと受けられないという類のものではありません。

　むしろ、アイデアしかない状態や立ち上げて間もない段階のスタートアップのためのプログラムと言えます。

　アクセラレーションプログラムに参加すると、様々なメリットが得られます。

　先程挙げた様な様々なメリットはもちろんとして、他にも高頻度で行われる専属メンターによるメンタリング。

　また、資金調達支援や大手企業とのアライアンスサポート。

　さらに、メディア掲載支援も受けられますし、海外展開のサポートを行うプログラムもあります。

　またプログラムに採択された事自体がスタートアップのブランディングに役立ちますし、プログラムによっては*アルムナイコミュニティに入れるところもあります。

　そしていちばん大切なのは、プログラムを通じて同じ志を持つ起業家仲間が出来ることです。

　彼らと交流をすることで、多大な刺激を受けるでしょう。

　アクセラレーションプログラムは、募集開始から応募、審査、採択を経て、キックオフに至ります。その後、中間発表を経て、最終的にデモデーが開催され、成果を発表する機会が設けられて

います。

　ここで賞を取るものならば、様々な企業から声がかかることで
しょう。

　このようにアクセラレーションプログラムとは本当に素晴らし
いものです。

　自治体の創業支援と合わせて、起業家初心者の方々はぜひ
利用してみてください。

＊＊＊

■ Appendix 起業家のマインドセット

　さて、皆さん、ここからはAppendix（付録）ということで、起
業家特有のマインドセットについてお話ししましょう。起業家は
特殊な職業であり、他の職業とは異なるマインドセットが求めら
れます。今回はその中で5つにフォーカスを当てて説明しようと
思います。

・まずは動いてみる

　起業家に必要なマインドセット1つ目はこちら、とりあえずや
ろう、という考えです。起業家たるもの、まず実行してみるとい
うフットワークの軽さが大切です。何かを考える時、やらない理

由を考える人は起業家に向いていません。そして、やるやる言っておきながらいつまで経っても動かない人も起業には不向きでしょう。

　起業というのは頭の中で事前にどれだけ準備したとしても、あまり意味はありません。学校の試験勉強なら事前準備が大切ですが、起業に関してはやってみて動き出さないとわからないことが多すぎるのです。そして**最適解は事業毎に変わってきます。**1,000のビジネスがあれば1,000通りの最適解があるでしょう。そのため、トライアンドエラーで壁に当たりながら模索するしか方法がないのです。この試行錯誤することが大切で、時にはここが足かせになる人もいます。失敗するのを見られるのが恥ずかしいと感じる人ですね。恥をかくのを恐れて完全に準備してからやると考えている人もいるでしょう。

　起業家を志すならば、そういう変なプライドや見栄は捨てて、とにかく行動していきましょう。恥をかいたっていいじゃないですか。どうせしばらくしたら誰もそんなこと忘れていますよ。むしろ我々の文化では、失敗を良しとする文化なので、失敗したら諸手を挙げて歓迎し、評価してくれることでしょう。

　「Done is better than Perfect.」

　これはMetaのマーク・ザッカーバーグが言った言葉です。完璧を求めるよりまずは動くものを作ってリリースしよう、というリリースすることの大切さを謳う言葉になりますが、起業家のマインドセットにも通じるところがあります。

　色々考えて完璧に準備をするより、まずは動いてみよう。

　皆さん、とりあえずやろうというフットワークを大切にしてくださいね。このマインドセットを持つことで、起業家としての道を歩んでいく際に、柔軟性を持ちながら素早く行動できるようになります。どんな困難な状況にも立ち向かい、試行錯誤を繰り返しながら成功への道を切り開いていくことができるでしょう。これから紹介する他の4つのマインドセットと合わせて、起業家としての成長に繋げていってください。

・折れない心を持つ
　マインドセット2つ目は、折れない心を持とう、です。

　私は多数の起業家と会ってきましたが、結局は諦めない起業家が勝つ、というシンプルな構図を多数見てきました。
　もちろん諦めなければ誰でも勝つのか、と言われればそうではありませんし、どんな時でも引かないほうが良いのか、と言わ

れるとそうでもないと思っております。

　ただせっかく起業家を行うのであれば、少なくとも自分の中でやり遂げたい気持ちが持てる事業をやりましょう、ということはお伝えしたいです。

　自分がどうしても生涯をかけて解決したい課題、叶えたい目標、そういったものの為に動けるのならば、人間ちょっとやそっとのことではへこたれる事はありません。
　誰に何を言われても折れることはないのです。

　しかし逆に、ちょっと儲かりそうだからと他人に進められて始めたビジネスの場合、少し苦しいことがあったらあっけなく折れてしまいます。
　その事業にかける思い入れがない為です。

　誰にも砕けない、そして輝かしく気高い気持ち、言うなればダイヤモンドのような意思を胸に携えていきたいものですね。
　このような折れない心を持つことで、**起業家としての道で困難な状況にも立ち向かい、持続的な成長と成功を目指すことができる**でしょう。折れない心と他のマインドセットをバランス良く持ちながら、自分のビジョンに向かって邁進していきましょう。

・いい意味で周りを巻き込む

　マインドセット3つ目は、周りを良い意味で巻き込んでいこう、です。

　結局のところ、人間1人で出来ることは限られてきます。

　起業家に求められるスキルは幅広く、そして得意不得意がある中で全てを1人でカバーするのには限界があります。

　そのために組織を作り皆で壁にトライしていくのですが、起業というのは大変で、どれだけ組織を作ってもなかなか解決できません。

　そういう時は、自分や身内だけで解決しようとせず、**周りを良い意味でグイグイ巻き込んでいき、応援団を作る**のです。

　例えば私の投資先の一社は、何か重要だと思われる事の前兆が見られると「池森さん、競合が出てきそうです。競争優位性についてディスカッションさせてください」と連絡をしてきます。

　そうすると私や他のベンチャーキャピタリストは都内の事務所に集められ、3時間も4時間もディスカッションするわけです。

　またある時は「池森さん、合宿するので付き合ってください」と言われ、朝9時に湯河原駅に集合し、総勢15名ぐらいで二日間にわたりお篭り合宿をしたことがあります。

　そういう強引とも思える巻き込みをされると支援者としてはど

う思うでしょう。

　私たちは決して「また面倒なことを言ってきたな……」とは思いません。

　むしろ「ここまでやってくるとこちらとしても腹をくくって支援をしよう」と思うわけです。

　他にもう一つ、起業初心者の方に伝えておきたいことがあります。

　私のところには多数の起業家志望の人が相談にくるのですが、その中でたまに「アイデアを相談したいのですが盗まれるのが怖くて言うのはやめておきます」という様な方がいらっしゃいます。

　仰っしゃりたい気持ちは大変良くわかります。

　これだけ課題が埋め尽くされてしまった現代において、とかく有望なアイデアの種というのは本当に価値のあるものに思えるのでしょう。

　しかし長く起業家をしてきた私は分かっているのですが、アイデア自体にはあまり価値はありません。

　大切なのはそれをやりきることです。

　アイデアを誰彼構わず伝えると確かに盗まれてしまう事もあるでしょう。

　しかしそれでは、大切な人に伝えることで彼らが本来応援団になってくれる可能性すら失ってしまうのです。

　アイデアを盗まれるリスクと味方が増えるリターンを考えると、私は圧倒的に後者だと考えます。

　皆さん、勇気を出して、是非周りに1人でも多くの応援団を作っていきましょう。

・アドバイスには素直に
　4つ目にお話しすることは、人間素直が一番、ということです。

　伝えたいメッセージは、信頼のできるメンターや顧問からもらったアドバイスはとりあえず実行してみよう、になります。

　皆さんの中にはこんなふうな行動を日々取っている人はいませんか?
　誰かにアドバイスを貰うと、まずそのアドバイスの意味や目的を聞いて、自分の中で咀嚼して、判断し、納得して受け入れたものだけを実行する、という行動です。
　この行動を取る理由を個人的には理解できますし、僕もそのような事をとっていた時期がありました。
　ただ今だから分かるのですが、これは時としてオススメできる行為ではありません。
　少なくとも、メンターや顧問との間柄においては取るべき行動

ではないでしょう。

　なぜかというと理由は至ってシンプルで、成長曲線が著しく落ちるからです。

　自分の小さな頭、少ない経験から判断をするのではなく、知見のあるメンターからのアドバイスは疑問を持たずに行動する。

　私の人生観の中で言うと、間違いなくこういった態度を取れる人間のほうがパフォーマンスが発揮されます。

　人に言われたことをそのまま実行するのは時として勇気が必要になるでしょう。

　しかし信頼のできるメンターや顧問からのアドバイスに限って言えば、素直に聞くのをオススメします。

・今日できることは明日に延ばすな

　最後にお伝えしたいメッセージは、今日できることは明日に延ばすな、ということです。

　我々起業家は、たとえ今日が平穏でも、明日も同じ日々があるとは限りません。

　急なアクシデントに見舞われるかもしれませんし、仕事上外せないアポイントメントが入るかもしれません。

　予定通り進むなんてことは、こと起業家に至っては絶対にないわけです。

　しかしそうなった場合、誰かが責任を取ってくれるかと言えば、否です。

　事業が遅れてしまった時、取引先は許してくれるかもしれません。

　しかし**失った損益は誰も回収はしてくれませんし、毀損してしまった信用は誰もカバーしてくれません。**

　何があっても自分で責任を取らないといけないのです。

　そうわかった時に起業家が出来ることと言ったら、いつトラブルに見舞われても良いように、できる限り仕事は前倒しにやっておく、余裕がある時に進めとく。

　つまり、今日できることは明日に延ばさない、という事だけです。

　普通に雇われているならば別段明日に延ばすのでも良いでしょう。

　しかし起業家は、自分の行動は全て自分に返ってきます。

　責任を取るのも自分です。

　そう思ったら、タスクを残して明日に挑むより、きっちり片付ける方が大切だと思いますよね。

スタートアップ界隈のよくある誤用

「私は過去に事業を二社バイアウトした事があります」

「こないだバイアウトしたんですよね。おめでとうございます!」

「ついにバイアウトしました!今までありがとうございました。これからも頑張ります!」

このようなセリフ、皆さんなら一度は耳にしたことはあるのではないでしょうか。

一見して特に問題があるように思えず、そのまま流してしまうようなセリフなのですが、この表現には大変おかしい点があります。

そもそもバイアウトとは、バイ=買う、アウト=占める、という意味です。

その為「バイアウトした」という表現は、事業を買い取った、もっと正確に言うと、株を買い占めた、という意味になり、つまり事業を買う側が使う表現になります。

起業家側としては「バイアウトされた」と表現する必要があります。

スタートアップ界隈の有名な誤用は他にもまだあります。

「売上が出ないから、あと3ヶ月でキャッシュアウトなんですよね……」

「キャッシュアウトまであと何ヶ月ですか?」

上記のセリフも間違いです。

キャッシュアウトはキャッシュ(現金)が、アウト(出ていく)する、という意味なので、本来なら出金を意味します。

つまり家賃の支払いや給与の支払いも全てがキャッシュアウトです。

決して資金がショートする、という意味ではありません。

なぜ今回このような事を書いたかというと、知らず識らずのうちに使ってしまっていると、意図せず周りからの評価を落とすことになり、結果事業にも影響が出かねない状況になる可能性があるからです。

私自身全ての言葉を正確に使えているわけではありませんが、一つひとつ直せるところから直していけたらなと思っています。

皆さんも気をつけていきましょう〜!

[最終章]

終わりに

－起業を目指す人へのエール－

さて、ここまでざっと駆け足で巡ってみましたが、皆さんいかがだったでしょう。

なんとなく漠然と起業について考えていたことが、よりクリアになったのではないでしょうか。

本書を読むことで、少しでも起業に興味を持ってくださり、一歩近づいた気持ちになって頂けたのなら、筆者としては大変うれしく思います。

冒頭にも書きましたが、起業は本当に素晴らしいものです。

もちろん、確かにそこには輝かしい面だけでなく、辛く苦しい部分もあります。

というか表面化されてないだけで、苦しい部分のほうが多いかもしれません。

しかし、「艱難辛苦汝を玉にす」という言葉があるように、この苦労を超えた先には必ずや充実した人生が待っていることでしょう。

そうそう、皆さんは、起業家は孤独である、と言われてることを知っていますか?

この言葉は起業家をしたことがある人ならば痛感するところだと思います。

　結局悩みは誰に話しても解決しないし、誰も最後は救ってくれないからです。

　全て自分自身で判断して、責任を取らなければなりません。

　そういった意味ではこの言葉は本当にその通りだと思います。

　しかし現状スタートアップを取り巻く環境を見渡すと、周りの人、システム、環境は全てが整っている状態だと言えます。

　大企業の方や、地方自治体、行政の方々は、我々スタートアップ起業家をとても温かく迎え入れてくれます。

　彼らなりに精一杯支援をしてくれます。

　起業家は確かに孤独です。

　しかし頑張って顔を上げて、なんとか周りを見渡すと、そこには沢山の支援の手、救いの手が差し伸べられているのに、気づくでしょう。

　皆さん、是非、起業に目を向けて、頑張っていきましょう！

　読了、本当にありがとうございました！

池森裕毅（いけもり・ゆうき）

1980年生まれで、千葉県松戸市出身。東京理科大学を中退後、起業家として活動を開始。2005年に、オンラインゲームデータオークションサイトRMTの運営を行う株式会社ポケットを設立。市場シェアを独占するプラットフォームへと成長させ、2014年に売却。2011年には、ソーシャル婚活サイトfriggの運営を手がける株式会社フリッグを設立。ベンチャーキャピタルやエンジェル投資家から投資を受け、2013年に売却。2019年にスタートアップ支援を目的とした株式会社tsamを設立。行政・地方自治体・大学機関と連携して、スタートアップカリキュラムを提供。経済産業省近畿経済産業局とは「U30関西起業家コミュニティ」を共同運営する。2022年には、シード期前後のスタートアップ投資を行うベンチャーキャピタルStoked Capitalを設立。また、情報経営イノベーション専門職大学で客員教授を務めている。

mail : ikemori@tsam.co.jp

デジタル人材のシン・キャリアガイド─スタートアップの始め方

2023年7月14日　　初版発行

著　者　　池　森　裕　毅

発行者　　和　田　智　明

発行所　　株式会社　ぱ る 出 版

〒160-0011　東京都新宿区若葉1-9-16
03(3353)2835─代表　03(3353)2826─FAX
03(3353)3679─編集
振替　東京　00100-3-131586
印刷・製本　中央精版印刷㈱

ISBN978-4-8272-1378-2　C0034